僕たちが「資本の原理」から逃れて「移住との格闘」に希望を見出した理由

青木真兵

武器としての土着思考

東洋経済新報社

はじめに

はじめまして、人文系私設図書館ルチャ・リブロの青木真兵と申します。僕は2016年に当時住んでいた兵庫県西宮市から奈良県東吉野村に引っ越し、自宅を開いて図書館を営んでいます。とはいえ、図書館を開けているのはもっぱら妻の海青子なのですが。

まず本書のタイトルにある「土着」とは、別に地方移住をして畑や田んぼを耕したり、鹿やイノシシを獲ったり、資本主義に背を向けて自給自足的な隠遁生活を提唱しているわけではありません(もちろん好きな人はやればいいと思います)。そうではなくて、生き物である自分とシステムとしての社会の間にあるギャップに気付き、いかにその両者の折り合いをつけながら生きていくのか。こういう関心に基づく生き方を「土着する」と呼んでいるのです。

そして、「ルチャ・リブロ」という名前にすでにピンときた方もいるかと思いますが、僕の大好きなプロレスと本から取っています。ルチャリブレはメキシコのプロレスのことで（正確には違うけど）、ミル・マスカラスとかドス・カラス、ミスティコ、ウルティモ・ゲレーロ、ボラドール・ジュニア……など、名前を挙げればキリがありません。でも一番好きなレスラーは、獣神サンダー・ライガーでした。そして本はスペイン語でリブロです。この二つをくっつけて「ルチャ・リブロ」という名前にしました。響きもなんだかかわいくて気に入っています。

また、本書のタイトルに入っている「武器」という言葉についても述べておく必要があります。もちろんこの武器は、「現代社会を生きていくための手段」という意味です。生きていくことは簡単ではありませんし、そういう意味で僕にとって生きることは「闘い」だといえます。しかしこの闘いは、決して相手が二度と立ち上がってこないよう、完膚なきまでに痛めつけることを目的としていません。

ある程度長く生きていれば分かるように、競争した相手が味方になったり、時には味方が敵になったりすることがあります。もしくは大切なプレゼンや試験や試合の前の日に限って眠れなかったり、うまく話しかけたいのにその場に行くと言葉が出てこなかったり、「自分のことが嫌い」という人は「自分こそが一番の敵」だと思っているかもしれませんね。むしろ、相手がいるからこそ僕たちは闘うことができる。相手がいるからこそ僕たちは生きていくことができる。この考え方こそ、巷で「茶番」の比喩として使われるのとは全く異なる、本当の意味での「プロレス的思考」です。馬場がいたから猪木があった。長州と藤波、小林と佐山、山田と佐野、棚橋と中邑も同様でしょう。決して二人ではなく、武藤、橋本、蝶野などといった三人の場合もあるかもしれない。分かる人にしか分からない例えですみません。

とにかく、相手と関係をつくり、その関係の中でいかに生きていくか。この「相手」には、自分の中の「うまくコントロールできない自分」も含まれています。この相手とともにどう生きていくか。それこそ、僕が考える「闘い」(スペイン語でルチャ)です。だから本書で述べている武器とは、相手の技を受け、さらに強い技で返すことで生命力を高め合うような、「相手がワルツを踊ればワルツを、ジルバを踊ればジルバを」というかの名言にもあるような、「相手があってこその生」を築いていくための思考法のことなのです。

本書では、相手との競争に勝つための武器を個別具体的に提示するのではなく、さまざまな事例を取り上げながら、「僕たちの闘い方」を一緒に考えていくことを目的としています。

2023年の夏ごろまで、僕は障害者の就労支援の仕事をしていました。本書はその時期に書かれたものになります。就労支援では、働きたいという気持ちがあるけれど障害があるためにそれが叶わなかったり、どうしても就職活動がうまくいかないから病院に行ってみたら発達障害と診断されたり、今まで働いていたけれど一人きりで仕事を抱え込まざるを得ない状況に追い込まれ、うつ病と診断されて復職を目指していたり、さまざまな方々がいらっしゃいました。仕事をする中で強く疑問に思うに至ったのは、「働くことができないのは本人のせいなのか」ということです。端的に言うと、僕はそうは思っていません。

働くことができないのは、社会がその人に仕事を与えられていないからです。固定されたゴールに向けて最短ルートを突っ走りたいのであれば、強靭な体力や気力を持ち、命令を粛々とこなしていくマシンが適任です。ミッションに対して必要なスキルがリストアップできているのであれば、そのスキルを持った専門家を集めればいいでしょう。でもだいたいの人はマシンでもなければ専門家でもありません。多様に変化する生き物なのです。

歳を取れば肉体は衰えるし、認知機能も低下します。怪我をしたり病気になったりすることだってあります。女性であれば妊娠・出産によって身体には大きな変化が伴います。でも人は年齢を重ねるに従って経験が蓄積されていくので、変化には良い側面もたくさんあります。自分自身のことだけではありません。親の介護や夫婦間、親子間、友人間における無理解、勘違いに基づくいさかいや、それによって知る人間同士の深い関係性。人生は思ったようにはいきません。加えて生成AIをはじめとするテクノロジーの発展や国際関係の変化などによって、否応なく変動する株価や価値観。何より地球自体が生き物です。地震や台風のみならず、産業革命以降、人間が地球環境に与えてきた影響やそもそも人間の存在とは無関係に地球自体のバイオリズムなどによって気候変動が引き起こされています。このような無数のファクターが関係する世界の中で僕たちは生きています。ゴールを一つに定めてしまうことこそ、さすがに無謀というものでしょう。

「幸せの最終解決」とも呼べるような「万人に当てはまるゴール」が存在しないことなんて、本当はみんな気がついているのだと思います。でも立ち止まることができない。資本の原理に基づいたルートだけを示されて、そっちの方に歩まされている。この仕事をしていても無意味なことは分かっている、ともすれば社会的害悪だと知っているのだけれど、お金を稼がねばならないし、そんな世の中で生きていくためには学校に行くしか選択肢はない。でもこのような諦めの状況に、人は本質的に耐えることはできません。

増え続けている精神疾患の患者数はその一つの指標です。厚生労働省の調べによると、約15年前と比べて躁うつ病を含む気分障害は約1・8倍、神経症性障害、ストレス関連障害及び身体表現性障害が約1・7倍と増加割合が顕著であるといいます。また少子高齢化社会にもかかわらず毎年約6000人ずつ増え続ける自閉症・情緒障害特別支援学級に在籍する児童生徒の数も、社会システムが生き物のためではなく、社会システムそれ自体のために稼働している現状を示しているのだと思います。

本来、働くことは楽しい経験のはずです。他人と分かち合うことを学び、チーム一丸となって目標に向かうことでうまい酒が飲めたり、ごほうびのケーキがおいしかったり、喜び合うことができたりするのですから。さらに組織や生態系において役割をこなすことは、生の充実感を与えてくれます。僕は多くの人が嫌々ながら「働かされている」現在の状況から、本来の「働く」を取り戻したいと考えています。そうすれば、声高に「脱成長」とか「経済発展」とか叫ばずとも、僕たちは活き活きと生きることができる。

本来の「働く」を取り戻すための一つのポイントが、「意味がある」ことを感じる力を取り戻すことだといえます。心身ともに疲弊していた僕たちは、東吉野村に引っ越して小鳥のさえずりや川の流れる音、風が轟々と木々を揺らす音などに身を浸す中で徐々に回復していきました。たぶんその疲れの原因は、「無意味」に晒され続けていたことではないかと思うのです。僕たちは山村に越すことによって「意味あること」へのアクセスルートを取り戻すことができた。加えて重要なのは、社会にとっての「意味あること」と、僕たちにとって「意味あること」が根本的に異なるということに気がついたことでした。

現代社会における「意味あること」は、経済合理性に適っていることがその前提にあります。損せず労を少なく、いかに大きな利益を生み出すか。利益はお金の額として表されます。山村に越す前、都市で生活する僕たちはこの経済合理性が充満した空間に身を置いていました。僕たちは仕事や学校に行きたくなくても、「意味がある」と信じて無理やり実行してきました。それが社会のためであり、ひいては自分のためなのだと。でもよく考えると、就職活動に失敗して大学生が自殺してしまったり、過労によって精神的に追い込まれてしまい死を選ばざるを得なかったり、職を失って生きる価値を見出せなくなってしまったり、こんな人びとが年間約2万人もいる社会がまともだとはいえません(一時期よりも減っているからよいということではありません)。

僕が問題視しているのは、現代社会では人間が商品であることに疑問の余地がないかのように思わされていることです。人は自身の労働力を商品として市場に出し、その対価を得て生活しています。その仕組みが当たり前になりすぎた結果、さらに高価な商品になることが人生の目的になってしまいました。「夢を持て」「生きる意味」を持てというメッセージを労働市場が広告代理店の力を借りて声高に叫ぶ背景には、このような意図があります。市場という資本主義のシステムを維持するためには商品が必要なのです。

しかし僕たちが生きる上でのさらなる問題は、商品価値を決める「ニーズ」は流行や他者の関心によって左右されるということです。つまり自分にとってどれほど大事で必要なことで「これを一生続けていければ、こんなに幸せなことはないぞ」と思っても、そこに他人のニーズが介在しなければ商品として取引されることはないということ。つまり現代社会における僕たちの「生」は、他人のニーズに握られているということです。この結果、他人にとって「意味あること」を優先順位の第一位に置くことが「大人の常識」になってしまったのです。

経済合理性を優先することは、そのシステムが命を守ってくれた時代はよいでしょう。

しかし現代社会はそうではありません。本来は社会にとって必要不可欠なエッセンシャルワーカーやケアワーカーの賃金が、とても低いことが何よりの証左です。システムを維持するためにはいかなる犠牲も払われます。その過程で命を落とすものは弱者である。お前の人生がうまくいくかいかないか、そんなものは自己責任だ。努力すれば自己実現できる社会なのだから、それができないのはお前が悪い。本当にそうでしょうか（そんなわけありません）。

繰り返しますが、人間は経済活動のために生きているわけではありません。生きるために経済活動をするのです。では人間は何のために生きるのか。申し訳ありませんが、それは他人に答えを求めるのではなく、一人ひとりが生涯をかけて自分で練り上げるもののはずです。「そうか、自分で考えなきゃならないな。一番評価される生きる理由って何だろう。ググってみよう」。ついそう考えてしまう人は、自分の生きる意味すらも商品を選ぶような眼差しで見てしまっています。だからといって自分にとっての「意味あること」が、決して手放しに喜べるものであるとも限りません。

アメリカ文学の祖、マーク・トウェインによる『ハックルベリー・フィンの冒険』という作品があります。この物語は、主人公の少年ハックルベリー・フィン（ハック）が、父親からの虐待を逃れるべくミシシッピ川を下るところから始まります。道中、ハックはアメリカ社会におけるさまざまな人種差別、偽善、暴力に遭遇します。その中で彼は自分の良心と社会制度や常識の間でジレンマを抱え、揺れ動きます。ここでハックが「良心」と呼ぶものこそ、僕の言う自分にとっての「意味あること」です。ハックはこんなふうに語ります。

自分が正しいことしようと、間違ったことしようと、そんなの関係ねえんだ。人間の良心ってやつは、ほんと、わからずやで、どっちに転んでも責めたててくる。おいら、もし自分が犬を飼ってて、そいつが人間の良心と同《おん》じ《な》ぐらい聞き分けのねえやつだったら、そんな犬、毒を食わして殺しちまう。良心ってやつは人間の心ん中でほかの何より幅をきかしてるくせに、どのみち何の役にも立ちゃしねえ。トム・ソーヤーも同《おん》じ《な》こと言ってた。（トウェイン著、土屋京子訳『ハックルベリー・フィンの冒険（下）』光文社古典新訳文庫、2014年、208頁）

ハックの傍らには、別々にいるときもいつも意識する親友のトム・ソーヤーがいました。ハックはトムの言葉を手がかりに、わがままな良心との付き合い方を学んでいくのでした。

僕たちが本来の「働く」を取り戻すためには、まずは自分の良心の存在に耳を澄ます必要があります。しかし一人ではなかなかその良心を認めることは難しい。どうしたって他人にとっての「正しいこと」を求められる世の中です。僕たちは自分の良心を「何の役にも立ちゃしねえ」と感じてしまうよういつのまにか訓練されています。でも気の合う友だちと一緒なら、自分にとって「意味あること」を感じ取るその良心の存在を認め合うことができるかもしれません。

本書があなたにとってハックルベリー・フィンとトム・ソーヤーのような関係をつむぐ糸口になりますよう、お祈りしております。

武器としての土着思考　目次

第4章

渡世人として生きていく

第5章

土着人類学を通してこれからを考える

第1章

僕たちはどう生きづらいのか

01 僕たちが「資本の原理」から逃げ出した理由
――奈良県東吉野村で生まれた「土着の知」の行き先

「闘う」ために逃げる

僕と妻は奈良県東吉野村という人口1700人（当時）の山村に移り住み、自宅を人文系私設図書館ルチャ・リブロとして開いています。兵庫県西宮市からいわゆる「移住」をしたのですが、そのきっかけは都市生活において僕たちが覚えた「危機感」でした。この感覚を少しでも和らげるには、「地に足をつけねば」と思ったのでした。本当に地に足をつけようと思ったら、もう社会から逃げ出さざるをえないのではないか。僕は自著『手づくりのアジール 「土着の知」が生まれるところ』（晶文社）を、そんな思いで書き記しました。そして僕たちが逃げ出すべき社会とは、ニューヨークや東京、北京などといった大都市だけでなく、「資本の原理が支配する世界」のことを意味しています。

現代において地に足をつけることを、僕は「土着」と呼んでいます。土着とは、自分にとっての「ちょうどよい」を見つけ、身につけることを意味します。そのちょうどよい状態を本当に維持していこうと思ったら、ある程度経済的な格差が少なく、ある程度価値観が多様で、ある程度自由な社会である必要があります。そんな社会をつくっていくためには、現代を規定するルールを知っておかねばなりません。その現代を規定するルールこそが「資本の原理」です。

その原理を知ったうえで、自分にとってのちょうどよさを社会の構成員がお互い様で生きていく。そのためにはルールを守ったり守らなかったり、縛られたり縛られなかったりすることはある程度仕方がありません。「資本の原理が支配する世界」に活動のフィールドを固定してしまうのではなく、「別の原理が働く世界」に好きなときに移れるようになること。それが僕にとっての土着です。『武器としての「資本論」』の著者、白井聡は以下のように述べています。

なぜ毎日窮屈な服を着てぎゅうぎゅう詰めの電車に乗って会社に行かなければならないのでしょうか。『資本論』はこの疑問に答えてくれます。私たちが生活の中で直面する不条理や苦痛が、どんなメカニズムを通じて必然化されるのかを、『資本論』は鮮やかに示してくれます。（中略）なぜみんなこんなに苦しみながら、苦しまざるを得ないような状況を甘受して生きているのか。「それは実はとてもバカバカしいことなのだ」と腑に落ちることが大事なのです。腑に落ちれば、そのバカバカしさから逃避することが可能になります。「ヤバかったら、とりあえず逃げ出そう」となれば、うつ病になったり、自殺してしまったりというリスクから身を遠ざけることができます。（白井聡『武器としての「資本論」』東洋経済新報社、2020年、4頁）

白井は、苦痛を強いる現代社会のルールを『資本論』が解き明かしてくれると言います。中でも重要なことは、「『資本論』を読むとリスクから身を遠ざけることができる」という点です。この「身を遠ざけること」を、僕は『手づくりのアジール』において「『闘う』ために逃げる」と表現しています。それは「資本の原理が支配する世界」から別の世界に行ったっきり戻らないのではなく、いったん身を遠ざけることで、今まで絶対視していた資本の原理の全貌を掴み、闘うために準備し始めることを意味しています。ちなみに、この場合の闘うとは相手を殲滅することではありません。大事なことなので、少し長いですが『手づくりのアジール』を引用します。

つまりぼくが考えたいのは、対立を終わらせる方法ではなく、対立を続けていく方法です。それは傷つけ合うことを目的とするのではなく、二つの原理を保つための「闘い」です。この「闘い」をどう捉えるかが重要です。近代的な総力戦・殲滅戦だと捉えてしまうと、それは違います。二つのうちどちらかが滅亡するまで完膚なきまでに叩き潰すのではなく、闘う相手がいることによって社会が存続していくことを前提にした「闘い」。最終的な決着・解決を目指すのではなく、いったんは勝ち負けが決まるけれども、また再び始まるような「闘い」です。「闘い」を通じて問題を明るみに出し、それをきっかけにコミュニケーションを誘発する。すると、そこに物語が生まれるのです。闘うことを目的とした「闘い」。終わらせてはならない「闘い」です。（青木真兵『手づくりのアジール』晶文社、2021年、33頁）

「山村で自宅を図書館として開く」という迂回路

さて、資本の原理に侵されてしまうと、人はすべてを「商品」としか見ることができなくなってしまいます。商品はすべて金銭で交換可能です。地縁、血縁の力が強かった前近代の社会と違って、近代社会で成立した商品は老若男女、誰でも手に入れることができるという意味で、とてもフェアです。買い物によって人は自由を感じることができますし、それこそがお金という「万能ツール」の本質です。しかしすべてが商品によって構成された社会や生活は、テレビやYouTube、街中の広告で知る、憧れの芸能人がつけているものを手に入れることができる一方で、「世の中は商品で構成されている」と思い込んでしまうのです。

自分たちの身の回りの物はすべて購入可能であり、そのお金を稼ぐ仕事につければ自由は増し、お金を稼げなければ自由な生活を送ることができない。これがフェアな社会であり、お金を稼げない人は努力が足りない、自己責任だ。現代ではこういう論調がともすれば主流になっています。しかしこれはまったくフェアではありません。なぜなら、最初のスタートラインが人それぞれ異なるからです。例えば、親の所得格差が子どもの学力に大きく影響していることは言うまでもありません。さらにこの点を、白井は「新自由主義」(ネオリベラリズム)という用語で説明しています。

新自由主義、ネオリベラリズムの価値観とは、「人は資本にとって役に立つスキルや力を身につけて、はじめて価値が出てくる」という考え方です。(中略)資本の側は新自由主義の価値観に立って、「何もスキルがなくて、他の人と違いがないんじゃ、賃金を引き下げられて当たり前でしょ。もっと頑張らなきゃ」と言ってきます。それを聞いて「そうか。そうだよな」と納得してしまう人は、ネオリベラリズムの価値観に支配されています。(『武器としての「資本論」』71頁)

これこそが僕の言う「資本の原理が支配する世界」であり、現代なのです。本当はまず物質があり、その物質同士を交換したり贈り合ったりすることで生活は営まれていたけれども、縁をベースにした物々交換が不便であったために貨幣(お金)を媒介させることによって、その物質は商品となりました。物質は結果的に商品になったのです。現代の特徴は、物質代謝の大半が商品を通じて行われていることにより、「商品以前の状態」がまったく想像できなくなっていることです。僕たちはこの事実が腑に落ちるまでに、「山村で自宅を図書館として開く」という迂回路を経る必要がありました。

「資本の原理」ではない「別の原理」の存在

冒頭に述べたとおり、僕たちは山村に住み、自宅を図書館として開いています。図書館では本を貸し出すだけなので、その本は「商品」ではありません。そして図書館の掃除や書架の整備、本の管理などをすることで対価を得ていないので、僕たちもこの時間は労働力を提供して商品化することはありません。まずは商品以前の状態を知ること。これが「社会の外に出る」ということです。

「なぜ図書館をやっているのか、意味が分からない」と言われることが多々あります。なぜ意味が分からないのか。それは僕たちの振る舞いが資本の原理にのっとっていないからです。要するにルチャ・リブロの意味が分からないということは、もしかすると商品以外のものを自分の目で判断することができなくなっている可能性があります。そして一見そのような「意味が分からない」ものやことにこそ、「社会の外」に出るヒントがあります。社会の外に出るということは、現代社会を覆っているルールを認識することでもあるし、なにより資本の原理ではない「別の原理」の存在に気がつくことでもあります。またお金という万能ツールの強大な力を相対化し、お金は生きるうえでの一つのツールでしかないことを暴く行為でもあります。

だからといって、僕は社会の外が「本当の世界」だと言っているわけではありません。社会の内も外も、本当の世界です。本来、世界はそれだけ多元的なはずです。現代社会はお金の力によってシンプルで均一で一元的なような気がしますが、そんなことはありません。社会の外には、まだまだ「意味が分からないもの」が存在できる余地があります。意味が分からないものをどうやって知覚するのか。その際のキーワードが「感性」です。

自分の「感性」を「手づくり」する「土着」

現代社会の内側で思考しているうちは、すでに価値が決まっているもの（商品）の縮小再生産を繰り返すだけです。一度社会の外に出て、物質自体の価値を自分の感性によって吟味すること。それはつまり価値判断を他者に委ねるのではなく、自らの手に取り戻すことを意味します。自分にしか判断がつかないから、その物質の価値を見いださねばならないし、他者にていねいに説明する必要も出てくる。

そういう意味で、僕は社会の内と外を行ったり来たりする「土着」が重要だと思っています。土着することは自分の感性を「手づくり」することでもあります。たぶん自分の感性は資本の原理との終わらない闘いを通じて、時間をかけて手づくりしていくものなのです。

02 「生きづらさ」感じる社会をつくる一つの価値観
――自分の価値を見失わず、生き抜くための思考法

「商品価値」がない生き方への不寛容

繰り返しますが、今僕たちに必要なことは「地に足をつける」ことです。それは「生きる実感を取り戻す」こととも言えるし、資本主義経済が支配する「現代社会の内と外を行ったり来たりする」ことだとも言えます。そのためには、まず「社会の外」の存在を意識すること。そして、その外の大地にいったん立つこと。別にずっと外側に居続ける必要はありません。外側の存在を知ることなしに、社会の内と外を行ったり来たりし始めることはできないからです。

ちなみに社会の内と外は絶対的なものではなく、相対的なものです。現代社会が資本主義のルールで回っているために、僕は社会の内側をそう規定していますが、例えば社会主義が支配的だったら資本主義が外部になるかもしれません。要するに、**「原理が一つ」になってしまうことが息苦しく、避けたい事態なのです。**そういう意味で、都市と山村を行ったり来たりすることでなんとか正気を保っている僕は、「山村に越せばパラダイスだ」なんてこれっぽっちも思ってはいません。

一見、僕は近代の問題点ばかりを指摘しているようですが、それは現代社会を構成する要素が近代的な部分ばかりに偏重しているからです。とはいえ、前近代的な部分を手放しに褒め称えているわけでもありません。繰り返しますが、近代か前近代か、都市か村か、資本主義か社会主義かのどちらか一方の原理だけになってしまう、もしくはどちらか一方の原理が大きな力を持ってしまっている状況を問題視しているのです。

近代化の大きな要素には、近代科学をベースにした都市化があります。近代都市の生活は分業体制が敷かれ、合理的かつ効率的にそれぞれが自分の仕事さえやっていれば好きな時間を持つことができるようになりました。多くの人がテレビや冷蔵庫、洗濯機、エアコン、パソコンなどの電気機器を所持することができる世の中になったのです。中でも冷蔵庫は食べ物を保管し、洗濯機は放っておけば服を洗ってくれることにおいて、生活の効率化をもたらしてくれました。この点だけ考えても、都市化は僕たちの生活水準を圧倒的に向上させてくれたことがわかります。

生活水準の向上は戦後の経済成長期に達成されたことであり、これ自体はすばらしいことです。ただ、**僕が問題だと思うのは、物質的な豊かさと引きかえに、「僕たちの生」は「商品を選ぶ」ことと同じ意味になってしまったことです。**お金を出して商品を買うことは消費財を充実させ、生活を物質的に豊かにしてくれますが、自分たちの生き方を商品の中だけに限定してしまったのです。

そもそも商品は他者のニーズがなければ成立しません。つまり、生き方さえも、誰かのニーズがなければ選んではいけないかのように思わされてしまうようになったのです。商品から生き方を選ばなければならないとしたら、「自らの生」の意味はだいぶ狭いものになってしまうことは明らかでしょう。つまり近代的な生とは、商品から自由に選ぶことができるような生き方だと言えます。けれど、近代以前の社会のすべてが地縁や血縁、身分制度によって規定されていたことを考えると、近代になって圧倒的な自由を得たことも確かです。

近代化によって人びとは「しがらみ」から解き放たれ、個人個人が己の責任において人生を選択できるようになりました。**ただ、「しがらみ」からは自由になりましたが、その自由は商品の中から選ぶ自由だったということです。**僕が目指す「地に足をつける」とは、「自らの生」を商品からも商品以外からも自由に選ぶことができるようになることを意味します。そのためにはまず、商品以外という選択肢が存在することを知る必要があります。これが現代社会における外部への「出口の入り口」です。

先述のとおり、現代社会ではあらゆるものが商品となり、お金を出せば何でも手に入れることができるようになりました。確かにそれは大変便利で、だからこそ多くの人びとが居住地、出自などにかかわらず、一定の水準で物質的に豊かな生活を送れるようになりました。しかし、お金が万能ツールとして機能すればするほど、失われてしまうものがあります。例えば、野菜でも果物でも味は一緒にもかかわらず、見栄えが悪かったり、規格から外れていたりというだけの理由で商品にならないことが起こります。いつのまにか、そのもの自体の持つ価値ではなく、商品としての価値が農作物を判断する基準になってしまうのです。つまり、商品化が進むことで失われるものとは、ものの本来の価値を認める視点だと言えます。そして、それは当然ながら、農作物だけに向けられるものではありません。

「命か経済か論争」にある落とし穴

平成以降、日本社会は流動性を高め「自由な働き方」を推し進めるという名目で、官から民への構造改革が行われてきました。この社会の動向は、まさに「労働力という商品」としてのまなざしを、社会が人びとに向けてきた過程だったと言えます。その結果、僕たちは現代社会を生きる価値基準として、「商品としての価値」を内面化し過ぎてしまった。宗教学者の安藤泰至は、いわゆるコロナ禍があらわにした現代社会の問題を以下のように述べています。

「そんなもの、命に決まっているだろう」「経済を動かすのは生きている人間なのだから、命あっての経済だろう」「両者が比較対象になるということ自体がおかしい」というのはなるほどその通りである。ただ、「命か、経済か」という言葉で実際には何が意味されているのか、ということをもう少し考えてみる必要がある。経済が回らなければ、倒産や失業が相次ぎ、自殺者も増えるだろうし、一気に貧困に陥ることで文字通り失われる「命」も出てくるだろう。（中略）つまり、「命か、経済か」と言うときの「経済」というのは実は「（経済を回す人々の）命」なのであって、先の言葉は「ある種の命と別種の命のどちらを優先するか」ということ、具体的にいえば「もはや働くことで経済を回す主体にはならない高齢者の命」と「働くことで経済を回す主体になる比較的若い人々の命」のどちらを優先するか、と言い換えることができる。ここにはすでに本書で繰り返し問題になる「いのちの価値をめぐる序列化」「いのちの選別」という事態が潜んでいるのだ。（安藤泰至・島薗進編著、川口有美子・大谷いづみ・児玉真美著『見捨てられる〈いのち〉を考える　京都ＡＬＳ嘱託殺人と人工呼吸器トリアージから』晶文社、２０２１年、15-16頁）

安藤が言うように、**現代社会の大きな問題点は働けるか否かという「労働力としての商品価値」が人のいのちを測る基準になっていることです。**しかし本来、人間や農作物は商品としての価値だけを持っているわけではありません。商品としての価値とは、他者から求められているかどうかが基準となりますが、人間や農作物などの生き物はそもそも商品ではありません。生き物は他者にとって有用かそうでないか、社会的に活用できるかできないか、役に立つか立たないかといった、他者のまなざしとは関係ありません。むしろ他者からは評価不能の価値を持っているのです。

それは本来、価値という言葉によって表すことすらはばかられるようなものです。僕は、生き物を商品として見るのではない、生き物を生き物として認める視点を取り戻すことが必要だと考えています。そのヒントが手づくりです。手づくりの過程には、さまざまな要素が含まれます。本来、手づくりしたものは商品ではありません。他者のニーズがあろうとなかろうと関係ないからです。とはいえ、手づくり品が商品ではないかというと、それは違います。手づくり品のほうが市場価値が高い商品も存在するからです。しかし、ここで僕が手づくりと言っているのは、そのような「手づくり品」という商品のことではありません。商品になるとかならないとかいった議論の前段階の状態を、手づくりと呼んでいるのです。それはウィーン生まれの思想家イヴァン・イリイチが、ヴァナキュラーと名付けたものに近いものです。

ヴァナキュラーというのは、「根づいていること」と「居住」を意味するインドーゲルマン語系のことばに由来する。ラテン語としてのvernaculumは、家で育て、家で紡いだ、自家産、自家製のもののすべてにかんして使用されたのであり、交換形式によって入手したものと対立する。（中略）ちょうど菜園や共有地《コモンズ》からとれた基本的な生活物資のように、ヴァナキュラーな存在である。（I・イリイチ著、玉野井芳郎・栗原彬訳『シャドウ・ワーク　生活のあり方を問う』岩波現代文庫、2006年、127頁）

イリイチの言葉を借りると、交換形式で手に入れたものが商品であり、菜園や共有地からとれた基本的な生活物資を生み出す術のことを手づくりと呼ぶことができます。ただ、手づくりにはさまざまな力を必要とします。手先の器用さであったり、冷蔵庫のありものをどう使おうかといった合理的な考え方であったり、1人ではできないことを家族や友人と一緒になってつくろうとするつながりを維持する力であったり。だから、最初から完璧にはできないのが手づくりです。できるようになるためには「ある程度の時間」が求められる。これが現代社会において手づくりが敬遠されるゆえんでしょう。

現代社会の外部にいったん立つ

繰り返しますが、僕は商品自体を否定しているわけではありません。なぜなら、商品が流通する市場があるからこそ、あらゆる人の手に届く可能性が生まれるからです。例えば、僕たちが転職を考えることができるのも、労働力が商品として流通する「労働市場」があるからです。そういう意味では、商品化がもたらしてくれた「自由」という側面は否定すべきではありません。問題は商品化の波にのみ込まれ、僕たちが交換価値だけしか認められない社会をつくってしまったことです。商品と手づくりが混在する社会をつくっていくためには、まずは意図的に他者ニーズの介在しない手づくりの時間を持つこと。そして、そういう時間を1人でも多くの人が持てるよう、他人の手づくりを応援することも大切です。

誰からも求められていなくてもいいし、誰も欲しがっていないほうがむしろいい。でも、同時に自分にとっては不可欠で、切実なものだともっといい。**誰も価値を分からないけれど、自分だけはそれを手づくりしてニンマリしてしまうような体験。それが現代**

社会の外部にいったん立つという
ことなのです。

03

「コスパ」と「スマート」の行き着く先にある「疎外」

――「他人から必要とされているのか否か」をやめる

コスパがいいスマートな「社会人」

なんだか、世の中が「便利になること」が良いことだと思えなくなっています。人間がテクノロジーを主体的に使うのではなく、使われてしまうことのほうに大きな危機感を抱いているからです。どういうことでしょうか。

現代社会はテクノロジーの高度化に伴い、人間が主体性を手放し、考えることをやめ、大きな流れに身を委ねるだけになっています。そのように自らの生を手放すことを、僕たちは「便利になる」と言っている。そんなふうに感じています。その「便利になる」

ことを今の言葉で言い換えると、「スマート」になります。
考えることを手放して、何かに身を任せて生きていきたい。その欲望を実現してくれる象徴的なものが、スマートシティ構想です。国土交通省のウェブサイトによると、スマートシティとは「先進的技術の活用により、都市や地域の機能やサービスを効率化・高度化し、各種の課題の解決を図るとともに、快適性や利便性を含めた新たな価値を創出する取組」とあります。ＩＣＴ（Information and Communication Technology）技術を生活の至るところに導入すれば、自動的に僕たちが幸せになるという設定です。

何度でも言いますが、便利になること自体を批判しているわけではありません。とにかく便利になれば、効率化すればオールオッケーだと思ってしまう、この思考停止状態が恐ろしいのです。僕はスマートシティ構想のように、衣食住すべてをデータ化することで手間を省き、行動のコストパフォーマンスを考え、さまざまな意味で最短距離で物事を進められるようになることが、社会を良くすることにつながるとは考えていません。

そうなってしまったら、なんだかもう現代において人間に必要な能力は「ボタンを押すタイミングを知っていること」くらいしか残っていないでしょう。ボタンを押すと機械化されたシステムが動き出す。人間が手作業でするよりもよっぽど正確で速い。僕たちはそのシステムの中でいかに間違えずに生活するか、勉強するか、働くのかということばかり気をつけて生きていくことになりそうです。そして、それをうまくこなせるのが「社会人」の定義になる。社会人は無駄なことはせず、できるだけコストをかけず、他人に迷惑をかけず、最も「賢い」選択をします。でも正直、これだったら「人間がいる意味あるのかな?」という思いを抱いてしまいます。この感覚に近いのが、マルクスが労働の文脈で使用した「疎外」という言葉です。

労働者は、彼が富をより多く生産すればするほど、彼の生産の力と範囲とがより増大すればするほど、それだけますます貧しくなる。労働者は商品をより多くつくればつくるほど、それだけますます彼はより安価な商品となる。事物世界の価値増大にぴったり比例して、人間世界の価値低下がひどくなる。労働はたんに商品だけを生産するのではない。**労働は自分自身と労働者とを商品として生産する**。しかもそれらを、労働が一般に商品を生産するのと同じ関係のなかで生産するのである。（中略）労働の実現は労働の対象化である。国民経済的状態のなかでは、**労働のこの実現が労働者の現実性剥奪として現われ、対象化が対象の喪失および対象への隷属**

として、〔対象の〕獲得が疎外として、外化として現われる。（マルクス著、城塚登・田中吉六訳『経済学・哲学草稿』岩波文庫、1964年、86－87頁、強調は筆者）

マルクスによると、国民経済的状態における労働は労働者の現実性を剥奪すると言います。これが「疎外」です。なぜこのようなことが起こるのかと言うと、「自分自身と労働者とを商品として生産する」からです。資本主義社会で生きていくことは、僕たち自身を商品化していくことなのです。商品とは交換可能で、他者ニーズがあることを前提にしています。

思えば僕たちは自分と他者を比較し、「自分という商品」が他者と比べてどう勝っているのか、その主張を強いられています。自分の商品価値を上げるため、幼少期から塾やピアノ、バレエ教室など、さまざまな習い事をすることはもちろん、良い大学に入れるように逆算して幼稚園、小学校を選ぶことになります。最終ジャッジは就職活動です。そこで自分に商品価値があるのかないのかが判断されます。働けば働くほど自分たちは商品化し、「他人から必要とされているのか否か」だけを考えて生きていくことになる。マルクスはこんな社会の生きづらさを、現実性が剥奪される疎外という言葉で表現しました。商品でいっぱいになり、疎外される社会から抜け出すためにはどうしたら良いのか。僕はそのヒントは、他者ニーズを介さない「個人的な体験」の積み重ねにあると思っています。

「落書き」という「異議申し立て」

僕たちは奈良県東吉野村という、たいそう不便な場所にある自宅を勝手に図書館と言い張っています。なぜ図書館を、と聞かれることが度々ありますが、少なくとも僕たちは図書館を「サービス」(商品)として提供しているのではありません。だからルチャ・リブロは、本当はみんなが知っている「図書館」ではないのだと思います。

かつて神戸に住んでいたときのこと。僕たちの家で友人たちと鍋やタコパ(たこ焼きパーティー)をしていました。「これ、面白いよ」と本をすすめたり、反対に貸してもらったり。実はルチャ・リブロのイメージには、このときの「個人的な体験」が底流しています。ルチャ・リブロは既存の社会的な施設である図書館の役割を担っているのではなく、「個人的な体験」の積み重ねの延長にあるのです。

イギリスの映画監督、ケン・ローチの作品に『わたしは、ダニエル・ブレイク』があります。老齢でひとり暮らしの大工ダニエルは、仕事中に心臓発作を起こし医者から仕事をしないように言われます。彼は支援手当を受給するために役所を訪れますが、煩雑な手続き、電話やインターネットを通じてしか再申請ができないといった理由などから、給付を受けることができません。やむをえず求職活動をしますが、今まで自分の腕一本で生きてきた元大工のダニエルには、うまくことを運ぶことができません。

この映画では、システム化された役所の手続きをうまく利用できないこと、求職活動において労働市場に組み込まれ、商品としてジャッジされることがいかに人間の尊厳を傷つけるのかが描かれます。大工一筋でやってきた内部疾患を抱える、老齢のダニエルに社会的な価値はない。このことをさまざまな方法により思い知らせるのが現代の特徴です。結果的にダニエルは、役所の壁に「わたしはダニエル・ブレイクだ」とスプレーで大きく「落書き」します。このシーンは、人間の尊厳を労働市場における有用性だけで測る社会に対する「異議申し立て」なのです。

放っておくと疎外を味わわせてくる現代社会に対し、僕たちは異議申し立てをすることで人間としての尊厳を常に回復していく必要があります。しかしこの異議申し立ては、一朝一夕にできるというわけではありません。異議申し立ては個人的な体験の積み重ねにある。そんなふうに思っています。しかしすべてが商品化され、経済合理性で貫かれた都市生活を送っていると、なかなか個人的な体験をする機会にも恵まれません。なぜなら経済合理性を突き詰めると、他者ニーズがあることを競争の中でいち早く実行していかねばならず、周囲と人間的な関係が築けなくなっていくためです。

『わたしは、ダニエル・ブレイク』でもダニエルと隣人の青年がゴミ出しでときには喧嘩をしたり、パソコンの使い方を教えてもらったり、シングルマザーの親子と心温まる交流をしたりする様子が描かれます。隣人や家族ぐるみの付き合いにこそ、商品ではない個人的な体験が含まれています。そのような機会を誘発するのが、「不合理」や「不便」です。民俗学者の宮本常一は山での生活を以下のように書いています。

徒歩か牛馬の背によらない限りは往来のできない世界、しかも山坂の上り下りに疲れはてることに人間のエネルギーの大半を消費しなければならない生活、それは何とも**不合理の限り**といわなければならないが、その不合理をいくぶんでも緩和するために、山中の人びとは生産したものを自分で市場まで持って出るのでなく、**荷**

持ち専門の者に托する風が早くから生じていた。飛騨のボッカはそのよい例で、山中で生産されたものを平野地方へ、平野で生産せられたものを山中へと運んだのである。（宮本常一『山に生きる人びと』河出文庫、2011年、182頁、強調は筆者）

他者ニーズから抜け出す「個人的な体験」

この記述のポイントは、山村での暮らしの基本が商品を基礎づける経済合理性ではなく、不合理にあることです。そしてその不合理があるからこそ、できないことを他者に頼むことになります。不合理の塊である山村ではなく、合理的に設計された都市では真っ先にコストを考え、生産性を気にするような経済合理性に基づくスマートな行動を求められてしまうので、そもそも不合理と出会うことは難しい。でもそうすると、僕たちは「商品という檻」から出ることはできません。経済合理性をいったん捨て、一見不合理な状況に身を置くこと。まずはそれが、他者ニーズから抜け出す個人的な体験を生み出すことになります。

ルチャ・リブロは彼岸の図書館を名乗り、此岸である現代社会と距離を置き、疎外から抜け出したい、自分のペースを取り戻したいという、僕たちにとっての異議申し立てです。ルチャ・リブロは、ダニエルが役所の壁いっぱいに書いた「私はダニエル・ブレイクだ」という文言と同じなのです。他者から見ると落書きかもしれないけれど、僕たちにとっては人生をかけた個人的な体験です。そしてそんな落書きみたいなものにこそ、スマート化していく社会に抗する術が隠されているのだと信じています。

第2章

僕たちが図書館をする理由

お前、青木だろ

04 僕たちが「利益を生まない図書館」を続ける理由

――「他者の欲望」模倣より「ちょうどよい」身体実感

「社会のあり方」のほうが間違っている

「ちょうどよい」生活がしたいと思っています。

僕の言うちょうどよいとは、誰もができるだけ我慢や嫌な思いをせずに、希望に沿った暮らしができる「ケアフルな状態」のことです。そんな理想的なことなんてあるわけがない。みんな我慢をして働いたり、嫌なことに耐えたりしているからこそ、社会は回っているのだ。そんなふうに「大人たち」は言うかもしれません。でもはっきり言って、それは「社会のあり方」が間違っています。決められた慣習やルールに人や動物、植物をはじめとする生き物が合わせる「ケアレスな状態」から、生き物に合った社会をつくっていく「ケアフルな状態」が当たり前になるためには、僕たちは意識を変えていく必要があります。

ちょうどよいは、人それぞれ違います。なぜかというと、その基準は各自の「身体実感」に基づくからです。各自の身体実感は男女差をはじめ、身体自体が異なるだけでなく、季節や年齢、家族や友人、職場での人間関係に影響を受けやすい、もしくは受けにくいなどの差異も含まれています。しかし日本ではそれを無視して、制度やルール、慣習といった社会のほうに人が合わせていく能力が重視されがちです。こうした「画一的なもの」に自らを沿わせる能力を持った人のことを「社会人」と呼び、「一人前」として扱っています。しかしこの「社会人化する力」は、各自の純粋な能力だというわけではありません。

「いかに社会に適応できるか」によって評価される社会人としてのキャリアは、日々やライフステージの中で身体的変動が男性より激しい女性に、しわよせが行く前提で設計されています。女性が出産でキャリアを諦めざるをえなかったり、共働きをしている夫婦であっても、例えば子どもができたときにフォローしてくれる家族や、ベビーシッターなどを雇うことができる金銭的余裕がなければ、社会人でい続けることは難しい。このような例外的な条件がそろわないと働き続けることが難しい社会は、そのあり方自体に問題があります。

「他者の欲望」を欲望する仕組み

僕たちは奈良県東吉野村に移り住み、自宅を人文系私設図書館ルチャ・リブロとして開き、活動しています。ただ図書館活動では、貨幣として換算できる利益は何も生み出しません。ではどうやって生活しているかというと、僕は障害がある方の就労支援をして生活費の多くを捻出しています(当時)。そのほかには文章を書いたり、講演・講義によって収入を得たり、複数の仕事をしながらなんとか暮らしているのが現状です。そのような状況にありながら、なぜ利益を生み出さない図書館活動を続けているのでしょうか。このような疑問を向けられるたび、「うっさい、黙っとれ。好きだからやっとるんじゃ」という本音が喉元まで出てきます。と同時に、なぜみんな経済的な利益を生み出すことしかイメージできないのだろう、とも思ってしまいます。

社会に存在していいのは利益を生み出すことだけなのでしょうか。あ、そうか。僕たちはこういう社会が息苦しいから、経済的な利益を生み出さない活動をわざわざしているのだと気が付きました。画一的なものに合わせて生きていくことは、「社会にコントロールされながら生きていく」と言い換えることができます。この現状は、僕たちにとってちょうどよい状態ではありません。そもそも、社会がなぜこれほど大きな力を持ってしまったのか。その理由は、僕たちの生活が商品によって構成されているためです。そしてその商品をつくる会社が社会の中心を担っているのです。社会の中心が会社になった結果、僕たちはちょうどよい生活を送ることができなくなってしまった。なぜなら会社は生身の人間ではなく、ヴァーチャルな「法人」だからです。そしてその目的は利益を生み出すことだけ。そんな現代社会の状況に対して、文筆家で隣町珈琲店主の平川克美は以下のように述べています。

不思議なことだが、法人という法律上に定められた人格に限って言うならば、ほとんどの法人は、あたかも生得の気質のように、上述した金銭フェチである、彼のような性格を最初から持っている。さらに不思議なのは、誰も、この法人というものの病的な性格に関して、根本的な疑いをさしはさむことがないということだ。しかも、私たちはこの法人（株式会社）というものと係わらずに生活するわけにはいかない。私たちは、私が病的と考える組織の中で、人生の多くの時間を過ごすことを宿命付けられている。（平川克美『株式会社の世界史』東洋経済新報社、２０２０年、１６６頁）

現代人の多くは株式会社に属すことで生活の糧を得ています。つまり多くの人は法人という、身体を持たないヴァーチャルな存在が利益をただひたすら増大させるという目的のために、人生という限られたリソースを投入している。そしてそれ自体、「仕方がないこと」だと思わされている。それは本書で述べられているように、人間が慢性的に罹患している欲望という「病」が関係しています。

欲望の最終的な行き先は、貨幣へと向かう。貨幣こそは「私」と他者を隔てる最も明確で分かり易い指標だからである。私たちは社会の中で、自分が生きていくうえで必要なものと交換するのに必要な貨幣だけを欲しがっているわけではない。他者が所有していると同じだけの、あるいは他者と自らを隔てる象徴としての貨幣を所有したいと欲望する。この関係を模倣＝擬態の理論をつくった人類学者ルネ・ジラールは「人間は、他者の欲望を欲望する」と、的確に表現した。（『株式会社の世界史』２４７頁）

「他者の欲望を欲望」している状態とは、あの車が欲しいとか、あの洋服が欲しいと思っているのは、実は自分ではなく他者なのだということです。そしてその欲望を満たすために貨幣がある。商品経済社会で育った僕たちは、そもそもこの欲望が自分のものなのか、他者のものなのか、そんなことを考えたこともありません。でも確かに、欲しい物が商品である以上、そこにはすでに「他者の欲望」が介在している。現代社会はすべての物質が商品化し、金銭という形で数値化がなされ、市場に並んでいます。野菜や果物、お肉といった生鮮食品から、ゲームや自転車、車といった機械製品。また営業活動や塾の講師、マッサージといったサービス業は人間が労働力という商品になっています。これらすべてが商品となり、お金で交換することができる。これが「資本の原理」によって構築された、現代社会の仕組みです。

「ケアレスな状態」から「ケアフルな状態」へ

人が社会に合わせていくケアレスな状態では、他者の欲望を欲望することを求められ、あらゆる物質が商品化することを要請されます。しかし社会が人に合わせていくケアフルな状態を手に入れるためには、他者の欲望も自分の欲望もどちらも欲望してよいことを、他者も自分もお互いに認め合わなければなりません。そのためにはまず、僕たちは「自分の欲望」なるものの尻尾をつかまえておく必要がある。どうすればつかまえておけるのか。僕は『手づくりのアジール』で以下のように書いています。

これからは「みんなのため」ではなく、「自分のため」に生きていくべきだと思います。それは自分たちや身の回りのものを、「商品として見ない」ということです。より速く、より安い。一分一秒無駄にしないのは、商品的な価値観です。そして世の中で評価されることの多くは、商品的な価値観で成り立っています。まずはその価値観から一歩遠ざかること。世の中が教えてくれる「みんな」基準の人生から、「自分」のための人生へ。「みんなはどう思うか」ではなく、「自分はどう感じるか」へ。（『手づくりのアジール』１６０－１６１頁）

現代において、他者の欲望は商品という形で身辺にあふれています。しかし本来、自分の欲望は商品としては流通していません。世の中には売っていないけれど、「こういうのが欲しい」という形をとって自分の欲望は尻尾を出します。そのときこそ、自分の欲望を知覚するチャンスです。さらに他者の欲望のテリトリーから出るためには、僕は以下のようにも述べています。

真っ先に「他者」の視線を意識するということは、まず市場のニーズを考えねばならない商品と同じです。こうした商品のような人の問題点は、「人が集まっていない」場所や「たくさんの人が求めていない」ものに価値を見いだせなくなってしまうことにあります。しかし本来、他者が「自分との違いを確認できる相手」である必要はありません。他者は虫、花、タヌキだって、山、海、神さまだって良いでしょう。自分と比較不能の他者に囲まれた人生は豊かです。他者を自分と比較できる相手に限定してしまうから、他者が得ていないものを得ようとしたり、他者が知らないことを知ろうとしたり、他者が成し遂げていないことを成し遂げようとしてしまう。比較不能の平野に立つこと。それが「手づくり」の第一歩です。(『手づくりのアジール』163-164頁)

ケアフルな状態になるためには、比較によって自分の存在意義を確保するのではなく、比較不能の他者に囲まれた場所を持つことが重要です。放っておくと、資本の原理はすべての物質を商品化しようとします。でも人は、必ずしも他者の欲望によってつくられた商品から選ぶ必要はありません。例えば、大学進学を目指す子どもに対して、そんな学部に進んだら就職できないから就職できそうな学部を選びなさいという親の言葉は、子に「自分の人生を商品から選べ」と忠告しているのと同じです。売り物にならないからといわれても、自分の人生を手づくりしていく。その一人ひとりの権利を、親子であっても夫婦であっても友人同士であっても認め合える社会が、僕の目指すちょうどよい社会です。

05 「風呂なし賃貸物件」は「失われた30年の帰結」だった

――社会的貧困を踏まえて「借り」を生活に取り戻す

現代日本に対する認識が甘すぎる

僕たちが山村で図書館を営んでいる背景には、資本主義によって失われたものを取り戻すという意図があります。かといって、資本主義がもたらしてくれた恩恵を享受している自覚もあるので、その折り合いをつけた生き方を模索しているところです。僕たちは僕たちなりの切実さとともに村に引っ越し、ルチャ・リブロ活動をすることによって、「足元からのパラダイムシフト」の実験を行っています。

２０２２年12月、「風呂なし物件、若者捉える シンプルライフ築く礎に」という記事が話題になりました。これを書いた記者が、社会に対する現状分析力と未来に対する構想力を持ち合わせていれば、僕たちにとって心強い記事になったのかもしれません。しかし、残念ながらそうはなりませんでした。記事は以下のように始まります。

昭和の時代をほうふつさせる「風呂なし」賃貸物件が、令和の若者の間で再び脚光を浴びている。銭湯、シャワー付きスポーツジムなどの施設があり、不自由しない。物を持たないシンプルな暮らしや地域住民とのふれあいを求め、銭湯を好む人も多い。家賃が安いというメリットにとどまらない魅力が人気を呼んでいる。(『日本経済新聞』2022年12月17日夕刊)

記事によると、若者はシンプルライフの一形態として風呂を持たず、代わりに銭湯やスポーツジムといった共同性の高い場所を用いることで、都市生活で失われた「つながり」を得ているといいます。つまり、現代の若者は物質的な豊かさをあえて選択せず、貧しさを選び取ることによってそこに生まれる人的つながりという非物質的な豊かさを享受しているといいたいのでしょう。僕は人的つながりが非物質的な豊かさであり、現代社会において失われたものであるという点には同意します。しかしこの記事に対する多くの批判と同様に、現代日本の経済的状況に対する認識が甘すぎると感じています。

厚生労働省の「2018年国民生活基礎調査」によると、相対的貧困の基準は世帯年収127万円とされ、相対的貧困率は15・7%に達しています。つまり人口の6人に1人、約2000万人が貧困ライン以下での生活を余儀なくされているのです。また2014年のOECD（経済協力開発機構）の調査でも、日本の相対的貧困率は先進国35カ国中7番目に高く、G7ではアメリカに次いでワースト2位となっています。さらに2000年代半ばから、日本の相対的貧困率はOECD平均値を上回る状態が続いています。

このような状況を踏まえると、僕は現代の若者の多くがあえて風呂なしアパートを選び、銭湯やスポーツジムを利用することで、人的ネットワークという豊かさを主体的に選択しているとは考えることができません。風呂なしアパートを借りている人たちの多くは、ライフスタイルとして風呂ありと風呂なしを天秤にかけて、風呂なしを選んでいるわけではなく、失われた30年による経済的停滞の帰結として風呂なしアパートを選ばざるをえない例が大半なのではないでしょうか。また、家に風呂はあるのだけれど隣近所の付き合いもなく、孤独に苛まれている人びとも多くいることでしょう。このような状況の背景には、経済の停滞が30年以上続く日本特有の経済的状況があること、また現代社会の基本構造に資本主義が入り込み過ぎたことが組み合わさっていると考えています。

成熟社会を目指すべきだった

本来、日本のように経済成長を経た国々は、その成長が鈍化したタイミングで物質的な豊かさを追い求めるのではなく、個々人の生き方や個性を大切にする成熟社会を目指すべきでした。実際に、経済学者の大沢真理は日本の企業中心的な社会のあり方とそれを乗り越えるための提言が、一九九二年の時点で閣議決定されていることを述べています。

『生活大国五か年計画――地球社会との共存をめざして』は、「個人の尊重」、「生活者・消費者の重視」などを一九九六年度までの経済運営の「基本方向」として掲げている。いわく、「単なる効率の優先から社会的公正にも十分配慮した視点へ」転換し、個々人に「自己実現の機会が十分与えられたより自由度の高い社会を実現すべきである」(経済企画庁、一九九二年、二−三頁)。しかもその際に、「地球環境との調和」、「地球社会への貢献」という視点をもたなければならないというのが、計画書の副題の意味である。(大沢真理『企業中心社会を超えて　現代日本を〈ジェンダー〉で読む』岩波現代文庫、2020年、4頁)

しかし現代は『生活大国五か年計画』に書かれているような、個人と地球を大事にする社会になっているでしょうか。僕にはそうは思えません。相変わらず効率が優先され、GDPをはじめとする経済的指標が僕たちの生活の質を測る尺度の主流を占め続けています。それは未だに日本が企業中心社会だからです。このような社会が形成されてきた戦後の経済成長において、確かに消費活動が僕たちに自由を与えてくれました。社会学者のジャン・ボードリヤールは、「人間の解放」のために消費活動が行われてきたと言います。

消費についてのあらゆる言説は消費者を普遍的人間とすること、すなわち人類の一般的・理想的・究極的な体現者とすることをめざし、さらに消費を政治的・社会的解放の挫折の代わりにすること、またこの挫折にかかわらずなしとげられるであろう「人間解放」の前提にすることをめざしている。（ジャン・ボードリヤール著、今村仁司・塚原史訳『消費社会の神話と構造』紀伊國屋書店、2015年、126頁）

確かに消費活動は人間を解放してくれます。例えば、僕たちの同年代でも地方出身の人の話を聞くと、何をするにしても隣近所の目があるので常に意識せざるをえなかったり、移動するためには車が必須なため、免許を取るまでは自由に行動が取れなかったりということをよく聞きます。本当は好きな本、ゲームに一日中浸っていたいのに、周りの友だちと趣味が合わないから変わり者扱いをされたり、参加したくない地域の行事に半ば強制的に参加させられたり。地縁や血縁を通じてしか社会にアクセスできない地方社会の閉塞感は、都市部で育った僕には想像もつきません。前近代社会にはおしなべてこのような事情が存在したため、近代になり消費活動によって人びとが何を目指したのかは言わずもがなでしょう。哲学者で作家でもある、ナタリー・サルトゥー＝ラジュは以下のように述べています。

確かに初期の資本主義によって人々は封建的な身分制度から解放され、何をするにも「個人の意思」が最上位に置かれる社会が実現されたかのように見えた。個人は親から子、世代から世代に伝わる制度や習慣から自由になり――すなわち、制度や社会、そのなかにおける人間関係から必然的にもたらされる《借り》から自由になり、少なくとも気持ちのうえでは、「自分の力だけで生きていける」ような錯覚を持つにいたった。自分は誰にも依存していないし、誰の世話にもなってないという、まさに初期の資本主義社会が理想とした、自律した人間《セルフ・メイドマン》が誕生したのである。
（ナタリー・サルトゥー＝ラジュ著、高野優監訳、小林重裕訳『借りの哲学』太田出版、２０１４年、16頁）

「消費による解放」は、地縁、血縁によってがんじがらめにされていた人びとを「自律した人間」にしてくれました。この「自律した人間」を成り立たせた道具こそ、お金です。つまり資本主義とは、「お金によってすべてを清算できる制度」とも言うことができるでしょう。このシステムはお金が社会に均等に行き渡っていれば比較的快適ですが、相対的貧困率が上昇する現代日本はそうでないことは先に見たとおりです。

お金で清算しないほうがよかったものを取り戻す

僕たちは社会の経済的状況の改善を、投票やデモをはじめとする社会的活動によって主張していくのと同時に、自分たちの足元からできることを始めていく必要があります。僕たちがわざわざ自宅を開いて図書館活動をしているのは、「お金によってすべてを清算」してしまった荒野の中で、お金によって清算しないほうがよかったはずのものを取り戻していくためです。それは資本主義の基本原理である「交換」以前の、「借り」が存在した社会状況をイメージすることから始まります。先ほどのサルトゥー＝ラジュは、人間社会にとって交換よりも借りのほうが根源的だと述べています。

《借り》というのは、経済や道徳のなかだけで捉えきれるようなものではない。そんな小さなものではなく、もっと大きなもの——人類が誕生したときから、存在している「基本的な状況」であり、「普遍的な現実」なのである。人間はいつでも他者に《借り》がある。また、いま自分がいる社会をつくってくれた、先行する世代の人々、自分の前の時代に《借り》がある。つまり、《借り》を考えるというのは、自分がどうしていま、この状態で存在していられるか、そのおおもとに思いを馳せるということなのだ。(『借りの哲学』17-18頁)

ルチャ・リブロを通じて僕たちは、このような意味での借りが再び社会の中に根付く芽生えとなることを切望しています。そのことは、資本主義によって失われたものを取り戻すきっかけになるからです。僕が先の記事を書くとすれば、こういう話になったのだろうと思います。社会的貧困を踏まえたうえで「風呂なし賃貸物件が脚光を浴びている理由」を考察すると、また違った側面が見えてきたはずです。銭湯という「共同の場」を利用することで、借りを自分たちの生活に取り戻す。それは資本主義と折り合いをつけながら生きていく、足元からのパラダイムシフトという小さな社会変革の話になった可能性があります。

とはいえ、地域における共同性の象徴である銭湯と、自らの身体をマネジメントするための個人主義的なスポーツジムが並べられている時点で、この記事にはその可能性がないことは明らかなのですが。

06 地域社会の「しがらみ」と折り合いをつける思考法

——「土着」と「離床」のちょうどよいリアリティ

地域の行事がとにかく苦手だった

1983年に東京都で生まれ、周りには田んぼや畑がほとんどない、埼玉県浦和市(現さいたま市)の住宅街で育ちました。まとまった自然といえば近くの神社の森くらい。小学生の間にドブ川は埋め立てられ、その分道路は拡張されていきました。銭湯や個人経営の小さな商店もなくなり、ご近所付き合いも急速に減っていったことも覚えています。また1983年は東京ディズニーランドがオープンした年でした。「夢と魔法の王国」は非現実的でワクワクするファンタジーの世界観で彩られていて、日常の延長のようなとしまえんやユネスコ村といった遊園地とは根本的に違う印象を僕は抱いていました。

生活を日常と非日常に分けたとき、非日常は伝統的に祭りや年中行事が担ってきました。僕は地域の行事がとにかく苦手で、できれば参加したくありませんでした。なぜ集団に合わせなければならないのか、どうして自分の好きなように行動できないのか。他人に合わせて行動することは、大切な自分の時間を無駄にしているような気がしていました。とはいえ「非日常」そのものが嫌いなわけではなく、むしろ日常の延長線上にある地域社会からは積極的に遠ざかりたかったですし、普段会っている知り合いと顔を合わせることのない世界の存在をとても大切に思っていました。ディズニーランドに行くことは地域や集団に縛られず、非日常を好きなときに好きなだけ体験できる機会だったといえます。

さらに1983年は、任天堂からファミリーコンピュータ（ファミコン）が発売されました。一家に一台ファミコンが配備されるまでは、本体を持っている友人宅にソフトを持ち寄って遊んでいた記憶がありますが、テレビが一人一台の持ち物になっていき、携帯用ゲーム機が出てくると遊び方も変わっていきました。この過程も地域や家族といった共同体内で完結していた日常と非日常の構図を崩壊させ、「そんなことより楽しいこと」を生み出したという点では象徴的だったといえます。極端にいうと、ディズニーランドとファミコンが１９８３年に誕生したことは、90年代に青年期を過ごす僕たちのあり方を決定づけたといえます。この時代について、文化社会学者の吉見俊哉はこう述べています。

政治の中枢でのスキャンダルとおぞましき殺人事件という、直接的にはまったく結びつかない一九八九年に起きた二つの出来事が同時に示唆しているのは、八〇年代末を決定的な転換点として起きた現実性の変容である。この変容のなかで、私たちの社会は、「戦後」という時代のリアリティを支えてきた基盤を失っていった。ここから先、一九九〇年代の日本で起きていったことは、日常の自己から政治の大きな流れまで、この空洞化したリアリティにおいて営まれるようになる過程だった。
（吉見俊哉編『平成史講義』ちくま新書、２０１９年、33頁）

「離床」がもたらしたリアリティの変容

僕は永田町で起きた莫大な額のお金が動いた事件や猟奇的な殺人事件とは直接関わることなく、90年代を比較的楽しく過ごしました。少なくとも、同時代を生きた身としてはそのように思っていました。しかし吉見によると、前者のリクルート事件は実体経済から金融経済への変化を表しており、後者の宮﨑勤による連続幼女誘拐殺人事件は自己と他者のより一層の仮想化を意味しているといいます。確かに僕たちの世代は金融経済とアニメやゲームがない状態を想像するのが難しいくらい、「空洞化したリアリティ」の中で育ってきたといえます。この背景について、オーストリアに生まれた思想家イヴァン・イリイチの考え方がヒントになると考えています。イリイチは、近代社会の特徴を説明するのに地から離れていくという意味で「離床」という言葉を使用しました。

「わが西欧社会がつい最近人間を経済的動物にしてしまったのだ」(一九〇九年)ということを認識した最初の人は、マルセル・モースであった。西欧化した人間とは、ホモ・エコノミクスのことである。社会の諸制度が、地域社会から〈離床した〉商品生産に向けてつくり直され、商品生産がこうした存在の基本的ニーズに見合うようになったときに、この社会は〈西欧的〉と呼ばれるようになる。（I・イリイチ著、玉野井芳郎訳『ジェンダー』岩波現代選書、１９８４年、22頁）

イリイチの言うように「社会の諸制度が、地域社会から〈離床した〉商品生産に向けてつくり直され」たのが近代社会です。この社会はすべてがお金によって交換可能な商品で構成されています。そのためには土地から離れることが必要だったのです。だからこそ自由だし、地域社会の煩わしい「しがらみ」にコミットせず好きなように生きていけます。実体経済から金融経済へ、現実から仮想へというさらなる「離床」はリアリティの変容をもたらしました。ちょうど飛行機が地面を離れるために滑走路を駆けるスピードを増していく時間、それが90年代だったのです。

僕たちは「バブル」を知らない

象徴的なことの一つが「バブル」です。僕が知っているそれは、1993年のサッカーJリーグの開幕式に詰まっています。すでに時期的には「バブル」は崩壊していましたが、超満員の国立競技場が何十本ものサーチライトで照らされるきらびやかな開幕式は、TUBEの春畑道哉氏のギターの生演奏で始まります。川淵三郎チェアマンの開会宣言の後は、TUBEの前田亘輝氏の国歌独唱です。YouTubeで動画を見ることができるので、ド派手な演出とクセの強い国歌独唱をぜひご覧ください。さらにその年を総括するJリーグアウォーズでは、大きな風船が割れるとMVPの三浦知良選手が田原俊彦ばりの赤いスーツを着て立っています。なんとも浮かれた演出です。

僕たちは実感としては「バブル」を知りません。だからおとぎ話みたいなものだと思っています。未だにこのファンタジーを引きずって生きている人もいて、そんな人を少し滑稽に見ている自分を顧みると、僕は「バブルを知らない」ことを不幸だとは思っていないようです。周りの大人が「バブル」と関係のない世界に生きていたため、それが崩壊しても何の被害もなかったことがその要因かもしれません。「離床」との関連で言うと、「バブル」はいっとき宙に浮くような「ジャンプ」でしかなく持続性はありませんでした。宙に浮く持続性をもたらしたのが、インターネットの登場でした。インターネットによって、人は現実から仮想へと本格的にフィールドを移すことが可能となりました。批評家の宇野常寛はその代表に糸井重里の名前を挙げ、モノからコトへ関心を移動させることができたといいます。

1998年に誕生した「ほぼ日刊イトイ新聞」(「ほぼ日」)は、吉本隆明が1980年代に唱導した消費による自己幻想の強化(による共同幻想からの自立)というプロジェクトをアップデートしたものだと言える。(中略)それはモノ(消費社会)とうまく距離を取るためのコト(情報社会=インターネット)という発想でもある。(中略)

「ほぼ日」は、20世紀末の消費社会においてインターネットというモノではなくコトを用いる装置で、人間に「自立」をそっと促すメディアとして誕生した。それは「モノ」を消費することを通じた自己表現が「当たり前」になり、その力を半ば失った時代に「コト」の力を借りて同じ効果を獲得しようとした試みだったのだ。

（宇野常寛『遅いインターネット』幻冬舎、2020年、154、156-157頁）

こうしてインターネットは、継続的に飛び続ける「浪漫飛行」を可能にしたといえます。モノからコトへ消費の対象が移り、リアリティを喪失すればするほど、地面から離れれば離れるほど経済が回る仕組みになっていきました。1990年代から2000年代にかけて、インターネットインフラの普及と消費社会の成立が並行して起こっていったのです。しかしインターネット環境が当たり前になった現在、インターネットの長所と短所もだいぶ見えてきました。実体経済から金融経済へ、現実から仮想へと移ってきた時の流れの中で、僕たちはどのように「リアリティ」と折り合いをつけていけばよいのでしょうか。

二項対立で考えずに「土着する」

実体経済がリアルであり、金融経済がバーチャルであるという二項対立的な図式の中でどちらかを選択せざるをえないと思い込んでしまうと、生きていくのが不自由になります。そうではなく、この対立的に語られがちな二者間を行ったり来たりしながら「ちょうどよい」ポイントを常に探っていく。僕はこれを「土着する」と呼び、推奨しています。実体経済と金融経済、現実と仮想、ローカルとグローバル、アナログとデジタルなど、二つに分けて考えること自体が悪いわけではありません。むしろ「考える」とは、物事を二つに分けることから始まるからです。

実体経済、現実、ローカル、アナログが「地に足をつけること」で、金融経済、仮想、グローバル、デジタルが「飛び立つこと」を意味するわけではありません。僕の言う土着することとは、その状況に応じて適した手段を選べることを意味します。だから、例えば山村で狩猟採集と炭焼を中心とした自給自足の生活を行い、インターネットや携帯電話に頼らない生活をすることが土着することだとは考えていません。反対に、都市に住みながら商店街の馴染みの個人商店で買い物し、銭湯に行ったりして地域経済の中で生活することは十分に土着することだと思っています。

自分にとっての「ちょうどよい」を見つけ、手放さないこと。そのためには手段を選ばない。これが土着することの肝なのだと思っています。

第3章

東吉野村で「二つの原理」を考える

07 「村の原理」と「都市の原理」に折り合いをつける
——実は大事な「昔から続いてきた」「めんどくさい」

近代の原理と前近代の原理

人口1600人の山村に住みながら、都市の原理と村の原理について考えています。都市の原理と村の原理の関係は、近代の原理と前近代の原理と言い換えることができます。現代社会の大きな問題は都市での生活が中心となった結果、世の中のルールが近代の原理だけであると、僕たち自身が思い込んでしまっている点にあります。そもそも近代の原理とは何なのか。そしてなぜ今、近代の原理のみで進む社会が行き詰まっているのでしょうか。

近代の原理の大きな特徴は、すべてを商品化できることです。すべてが商品化されるということは、お金さえあれば欲しいものが買えるし、受けたいサービスを受けることができる。自分だけではなく、家族や友人など、大事な人にもその「自由」を分け与えることができます。だから僕は近代の原理を全否定しているわけではありません。ただ近代の原理だけになってしまうと、それはそれで不都合が生じます。

お金自体はフェアだとしても、それを手に入れる機会が平等ではないことに注目しましょう。現代においてお金を手に入れるための主な手段は、働くこと、就職することです。できるだけ年収を上げたければ、いい大学や会社に入らねばなりません。いい大学に入るためには受験戦争を勝ち抜く必要があるので、塾に通うことになります。その塾の学費が払えるかどうか。この時点でお金を稼ぐためのプロセスが、全員に平等に開かれているわけではないことが明らかです。

これは一つの例に過ぎませんし、ここに男女や地域、障害や国籍など、複数の問題が重なり合ってきます。つまり、むしろ社会が近代の原理だけで組み立てられればられるほど、お金がないことが「不自由」な状況へと人びとを追い込むことになってしまいます。近代の原理だけで回る社会は、すべて経済格差の問題が関わってくることになります。そしてお金を稼ぐプロセスが平等に開かれていないとなると、どんどんこの格差は拡大していきます。格差の拡大がこのまま進行すると、少数の富裕層と多数の貧困層に分かれていきます。これではマズい。ということで、これからの時代は近代と前近代の原理を併用しつつ、自分たちの生活が経済的な問題だけに左右されないことが重要になるのだと思っています。僕は『手づくりのアジール』でこのように書いています。

太平洋戦争後、日本社会は高度経済成長期を経て、人びとの自由な時間を増やすことに成功しました。しかしその自由は「めんどくさいもの」をアウトソーシングし、すべてを交換可能な商品に変えたことによって成立していたのです。そこでは、人は労働力として市場に奉仕することで対価を得て、そのお金により商品を買うことで自由を得ていました。いわゆる戦後社会とは、一言でいうと、このような社会だったといえます。さらに問題なのは、この社会の前提は工業化であり、可能性、無制限の思想を基礎にしたものだったということです。しかし、これからの社会はそうはいきません。例年被害が増大する気候変動と、さらに拡大する社会格差はいずれも、これまでの社会のままではやっていけないことをはっきりと示しています。

（『手づくりのアジール』244頁）

そこで、これまでの社会を変えるためにキーとなるのが「前近代の原理」です。もちろん前近代にも都市を中心に商品経済が広範囲に広がっていたことは言うまでもありません。前述のとおり、前近代の原理とは村の原理であり、非商品化がそのポイントとなります。非商品化とは市場に流通させないということ。そのためには規格をつくらないことや、誰にとっても分かるようにしないということも含まれます。対価をつけないこととも言えるでしょう。現代社会は近代の原理で回っていますので、非商品化をイメージするのは難しいかもしれません。

冒頭にも書いたとおり、僕たちは人口1600人の山村に暮らしています。ご近所さんもどんどん減っており、地域の連絡員や共同墓地の清掃、お宮さん（神社）の役員など、本来は昔から村に住んでいた古参住民の役割だった仕事が、新参者にまで任される状況です。そのようなわけで、地域の会議に出席することがあります。会議に出席すると分かるのですが、村の原理の特徴は話を前に進めないこと。目的は現状維持。継承することとそれ自体を目指します。しかしこのことが即悪だとは僕は思っていません。上記の

『手づくりのアジール』の言い方をすると、「めんどくさくする」とも言い換えることができます。前近代の原理はめんどくさいものを「めんどくさいまま」持ち続けることを意味しています。

今生きている人間だけでは判断できない

何かを継承するためには、このままでは途絶えてしまう事柄が持つ意味を共有している必要があります。しかしこの事柄を継承すべきか否かを判断できる主体は、本来はどこにもいません。だから継承するかどうかは、「昔から続いてきた」という非論理的な理由に委ねるしかない。村の原理の一つの特徴は、「昔から続いてきた」というロジックが強く働いていることです。つまり、今生きている人間では判断できないことがあると認めることを意味します。そして村に暮らしていると、「昔から続いてきた」ものが持つ力を当たり前に感じることになります。人が自然を切り開き征服してつくった都市ではなく、自然の中に人が間借りして住まわせてもらっている村だからこそ、実感が伴うのです。このように考えることを、思想家の内田樹は「日本的情況を見くびらない」

と表現しているのだと思います。

その間、私は他のことはともかく、「日本的情況を見くびらない」ということについては一度も気を緩めたことがない。合気道と能楽を稽古し、聖地を巡歴し、禊行を修し、道場を建て、祭礼に参加した。それが家族制度であれ、地縁集団であれ、宗教儀礼であれ、私は一度たりともそれを侮ったことも、そこから離脱し得たと思ったこともない。それは私が「日本的情況にふたたび足をすくわれること」を極度に恐れていたからである。近代日本の知識人を二度にわたって陥れた「ピットフォール」にもうはまり込みたくなかった。（内田樹『街場の天皇論』東洋経済新報社、2017年、243‐244頁）

伝統的な武道や芸事をしたり聖地を巡礼したりすることは、生産性という観点から見ると意味をなしません。でも計画を立てる段階で目的や生産数が明確でなくても、「昔から続いてきた」という理由で実施したほうがいいことがあります。現代社会はこの「昔から続いてきた」「めんどくさい」ものをコストカットという名目でどんどん排除しています。でもそれは近代的な論理では目的が分からないだけであって、もっと長いスパンで考えた際に、つまり近代的な論理を超えた「論理」から見たら、何らかの意味をなす可能性がある。このような論理を甘く見ていると、日本社会は「空気」のような論理を超えた論理に呑み込まれてしまう。「日本的情況を見くびらない」とは、このことを意味しているのだと思っています。

自己責任と有限性

例えば、山村には山村の合理性があって、その合理性は都市のものとは異なります。だからといって山村が劣っていて、都市が優れていることにはなりません。確かに山村における地縁、血縁の「しがらみ」は個人の自由を縛ってきましたし、一個人の人生を決めつけてしまう拘束力があります。一方、都市は個人の自由が尊重され、地縁、血縁といったしがらみを離れて、希望する仕事ができたり、好きな人と一緒になれたり、自由に住むところも選ぶことができます。

しかし、社会的格差が広がると、建前では自由に生きていけますが、実際には生まれで選択の幅が大幅に狭められてしまったり、競争に勝ち抜かなければ仕事に就くことができなかったり、まったく自由ではない状況もあります。都市の原理と村の原理の折り合いをつける際、現代ではすっかり顧みられることのない前近代的な村の原理に着目する必要があります。『手づくりのアジール』では以下のように述べています。

そうです、山は障害なのです。しかし障害は自由を阻むものばかりではありません。自分に何ができて、何ができないのか。それを明確にすることこそ、有限性を基礎にした自由への理解の足がかりになります。台風が来れば避難の準備をするし、火事が起きれば消防団の詰め所に集合する。障害に一人で立ち向かう必要はありません。共同墓地の清掃や地区の役員は、三年に一度は回ってくるのです。これからの民主主義《デモクラシー》は個人と共同体を行ったり来たりすることで、地縁、血縁ではなく、生態圏という有限性を基礎においた、個人同士のつながりによって構築される必要があります。(『手づくりのアジール』245-246頁)

村の原理にはもう少し自己責任による自由な選択肢を、都市の原理にはもう少し自然環境による有限性を引き受けることが求められます。この二つの原理を併せ持ち、折り合いをつけて生きていくことを僕は「土着する」と呼んでいます。理想と現実。個人と社会。自然と人間。男と女。しかし土着することは「長いものに巻かれる」のとは違います。これからの社会を考える場合、今までのように近代的な原理という外来種をそのまま持ち込むのではなく、前近代的な原理という在来種を駆逐しないように、むしろ在来種と外来種が合わさることで新たな種を誕生させるように生態圏を整える必要があるのだと思います。そのヒントを内田は以下のように述べています。

1969年、私が予備校生だった頃、東大全共闘が三島由紀夫を招いて討論会を催したことがあった。三島由紀夫は単身バリケードの中に乗り込んで、全共闘の論客たちと華々しい論戦を繰り広げた。（中略）そのときに、三島由紀夫は「天皇」という一言があれば、自分は東大全共闘と共闘できただろうというその後長く人口に膾炙《かいしゃ》することになった言葉を吐いた。当時の私にはその言葉の意味が理解できなかった。だが、その言葉の含意するところが理解できるようになるということが日本における「政治的成熟」の一つの指標なのだということは理解できた。（『街場の

天皇論』233頁）

なぜ三島の、「『天皇』という一言があれば、自分は東大全共闘と共闘できただろう」という言葉を理解することが、「政治的成熟」と結びつくのでしょうか。これまでの話でいうと、前近代の論理であり、かつ近代の論理を超えた「論理」を三島は「天皇」という言葉で表したのではないでしょうか。つまり万物の商品化を食い止め、有限性をもたらすものの生態圏を形成する、日本的言葉遣いとして天皇があるのではないか。そんなふうに考えています。この存在を知覚したうえで、近代の原理と折り合いをつけていく。これが政治的成熟であり、土着です。

政治的成熟としての「山村デモクラシー」

無限に基づく社会デザインは、これから先は通用しないでしょう。無限に基づくということは、青天井の経済成長を意味します。しかしそれは自然を制圧するテクノロジーだったり、人力では及ばない工業的な道具を使わないと達成できません。確かにテクノロジーの力をもってすれば、山も平らにできるし、海も埋め立てることができる。地中深くにトンネルを通して、東京と大阪をすさまじいスピードで結ぶことも可能となります。

でもそうした悪い意味でのゼロベースというか、シミュレーションゲームのマスのように世界は真っ平らであるはずはありません。そこには必ず森や山があり、地下水が流れ、人が住んできた歴史があります。もちろん人以外の動植物もたくさん暮らしている。それらすべてをなかったものにして、一からつくりたいものをつくることのできる力を人間は持っています。しかしそういう力を誇示する仕草が「人類の夢を叶える」ことだという考えこそ、僕は限界が来ていると思っています。

その土地の歴史、植生などを考慮したうえで、みんなで意見を出し合い、何ができるのかを生態圏の中で考える。それが土着であり、天皇という言葉で示したものと折り合いをつけた社会をつくる、政治的成熟です。僕はこの状態を有限性を含んだ民主主義という意味で、「山村デモクラシー」と呼んでいます。

08

「もちつもたれつ」で生きのびてきた「神仏習合」

――「二つの原理」で此岸と彼岸を行ったり来たり

「天誅組」終焉の地

東吉野村に移り住んで、早7年が経ちます。僕たちはこの山村に引っ越して、空き家だった築70年あまりの古民家を借りて自宅にしつつ、私設図書館として開きながら暮らしています。

そもそも僕がこの家に住みたいと思ったきっかけは、家の前に「史跡があること」でした。この地は「天誅組終焉之地」という石碑が立っていることからも分かるとおり、天誅組が最期を迎えた場所です。幕末に尊皇攘夷運動を行ったこのグループは、幕府を倒して天皇の親政によって新しい国をつくろうと挙兵しました。しかしあえなく情勢は変わり、追われる身になってしまいます。その最後の戦いが行われたのが東吉野村でした。天誅組には3人のリーダーがおり、そのうちの1人、吉村寅太郎が討死にし、最初に埋葬された地こそが僕たちが今住んでいる場所のすぐ目の前なのです。

まず、この史跡や僕たちの自宅にたどり着くためには橋を渡らなければなりません。「橋を渡る」という行為のために、僕たちはルチャ・リブロのことを「彼岸の図書館」と名付けました。此岸である現代社会とは違う原理が働く場という意味もありますし、実際に川を渡るからでもあります。僕は用事をするために毎日橋を渡るので、此岸と彼岸を行ったり来たりしています。そこで強く感じるのは、橋を渡ることによって「彼岸」に行くとグッと気温が下がったような気がするということです。実際には気温を測っても計測できない程度の誤差なのかもしれません。でも実感としては間違いなく「別の世界」を行ったり来たりしているのです。

この史跡に実際にあるのは巨大な岩です。巨岩の前には、杉やブナやナラの巨木に囲まれた小さな空間が広がっています。殺害された吉村寅太郎はまずその巨岩の付近に埋葬され、後に別の場所へ他の天誅組のメンバーとともに葬られています。吉村寅太郎の死によってこの地は一種の「聖地」になりました。しかしこの巨岩の前に立てば誰もが分かるように、間違いなくここは最初から「聖地的要素のある土地」だったのだと思います。特定の神が祀られているわけではありませんが、橋を渡り変化する体感の温度、巨岩の圧倒的な存在感と凛と立つ木々、降り注ぐ木漏れ日。さまざまな要素が合わさり、この地を「聖地」たらしめています。僕が感じたこのような感覚を、島薗進は以下のように述べています。

古代に神道とよべるものがあったのかなかったのか。この問いに答えていくために、古代の祭祀の実態を探ってみよう。古代の神の祀りや信仰の姿を想像させるものとして宗像《むなかた》大社の沖ノ島がある。ふだん人が立ち入ることができない神秘的な沖ノ島には、神が降りてきたとされる所や古代から祭祀が行われてきた場所がある。そうした岩や巨石に昔の供物が残されているが、もとは社殿がなかった。宗像大社は九州本土側にあるが、沖ノ島には滅多に近づけず、行くときには必ず禊《みそぎ》をする必要がある。

日本の古代、さらにさかのぼって縄文時代の祭祀はそのような神秘的な自然の中で行われるかたちであったと考えられ、社殿の小空間に常に神（御神体）がいるという祭祀形態は新しいものだ。各地で社殿が整備されていくのは律令国家祭祀が整えられていく段階とみられる。沖縄の御嶽《うたき》も沖ノ島などと似た古い時代のおもかげをもち、神祇祭祀の初源の姿をうかがわせる。神道の古いかたち、古神道といえるものが縄文時代の神道であったのではないかという推察とつながっている。こういう場所は全国的にみられ、今でも人々は神秘な場所という感覚をもつことが多い。

（島薗進『教養としての神道』東洋経済新報社、２０２２年、88頁）

加速する都市と山村の有限性

「天誅組終焉之地」はここで述べられているような有名な聖地ではありません。でも確かにこの史跡があることが、僕がこの家に住みたいと思った大きな要因でした。それは過去の人間が亡くなった地であり、幕末を生きた吉村寅太郎という見ず知らずの人間との時を超えた連続性を実感できたことが大きく作用しています。

こちらの山村に越してくる当時、僕たちは心身ともに疲れ切っていました。そこにはあらゆるものを数値化し序列化することで下位のものは価値がないと見なされる、都市の資本主義的原理が影響していました。でも、そもそも数値化しにくいものの価値はどうやって測るのだろう。この疑問に向き合う時間もないほど、現代社会のスピードは今もなお加速しています。回し車を走り続けるハムスターのような僕たちを止めてくれたのが、この史跡に象徴される「連続性」だったのです。『手づくりのアジール』では「有限性」という言葉で表しています。

そもそも、ぼくたちはどのような環境に生きているのでしょうか。というか、何をどこまで環境に含めるのでしょう。ぼくの「環境」は、山村に移り住んだことで大きく変化しました。山村は人間が生活するために、自然を制圧してつくられた場所ではありません。山の中に間借りをしているような感覚です。人間だけではなく、犬、猫といった「家族」に近いもの、家の中に侵入してくるカマドウマやテナガグモ、カメムシ。天井を走り回るネズミ（おそらく）。庭先に現れるサワガニやカエル、トカゲ。家々を飛び回るヤマガラ。刈っても生えてくる草花をはじめ、台風で落ちてくる大きな枝、枯木など。これらすべてを含んだものが「環境」です。そしてこれらはいつか死にます。無限の可能性を内包する都市とは異なり、山村で暮らすということは「死」という有限性を意識することなのです。(『手づくりのアジール』169-170頁)

僕たちは史跡の前に住むという経験を通じて、無限の可能性に駆動される都市の原理とは異なる、有限性を基礎においた「もうひとつの原理」の存在を感じ取ることができました。都市は「ゆりかごから墓場まで」という言葉もあったように、基本的に生き物の生涯は直線的に語られます。それは人だけでなく、家族の一員としての犬や猫、鳥やイグアナなども同様です。さらに重要なことは、都市における生き物の生殺与奪権は人間が握っているということ。ゴキブリやクモ、ネズミなど人間が生存を許していない生き物に、都市における「居場所」はありません。

山村では多くの生き物が生まれては死んでいる状況が、目の前で毎日起こっています。もちろん一つひとつの死はかけがえのないものですが、生き物全体を「自然」と捉えたとき、その「自然」の中には数え切れない生死が溢れています。生き物の生涯は直線的ではなく、循環的だと言えるかもしれません。山村では生き物の存在は、人間によってどうこうできるものではありません。むしろ人間のほうがその「自然」の中に住まわせてもらっている。このように「もうひとつの原理」には、山村という「環境」が大きく影響していることにも気が付きました。しかしくどいようですが、都市の原理がダメで「もうひとつの原理」が優れていると言っているわけではありません。人類にとって原理が二つ存在することが、世界の安定をもたらしてきたのです。島薗は日本における神々についても、そのように述べています。

ここで、重要なのは、一方で天津神の頂点のアマテラスが鎮座する伊勢神宮に高い地位が与えられるとともに、国津神の代表である出雲大社にも高い地位が与えられ、記紀神話の中でも多くのスペースを割いて出雲神話が語られていることである。天津神と国津神というように日本の神は二つの系統に分かれ、天津神が国津神を抑えて国家をつくったとされる。伊勢神宮の系譜こそが日本の神道を支配したとされているが、それにしては、従属したはずの出雲大社をはじめとする国津神に大きな役割が与えられている。（『教養としての神道』１１９頁）

地下の世界、他界、死後の世界と関係がある国津神の系統で、この世の政治的秩序を守るのが天津神系のアマテラスだ。アマテラスは太陽の神だから、もっと多くの機能があってもよさそうだが、この世の政治的な支配に関わっているものの、その面でも印象的な逸話はない。（中略）それに対して、スサノオ、オオクニヌシは、「あの世」系だ。（『教養としての神道』139頁）

もちろん、村々の鎮守の神々、家の神棚にいる神々はそれほど怖くはないし、政治的でもない。また、稲荷は宅地の中にも祠があるなど、商売をする人をはじめ多くの人々が信仰する不思議な力をもっている。八幡信仰、稲荷信仰、山岳信仰は神仏習合の世界を代表する神々で、神道を存続させてきた一方の原動力だが、他方に、秩序を守る国家神である伊勢神宮のアマテラスがあったからこそ、人々の生活に近い神々が生きのびてこれたともいえる。八幡も稲荷も一方では朝廷と近い神である。他方、伊勢神宮とアマテラスも出雲をはじめとする国津神に支えられているので、

もちつもたれつという関係にあるともいえる。(『教養としての神道』140-141頁)

「生き続けていくこと」を目的に置いた神仏習合

このように日本の信仰でも、普遍的な性格を持つ天津神が絶対的に強いわけではなく、かといってローカルな神である国津神こそがすべての根源であったというわけでもありません。島薗の言うように、「もちつもたれつ」が日本独特の信仰体系である神仏習合のキーポイントなのです。二つの原理を行ったり来たりすることは、どちらかの原理を絶対的優位に置くことではありません。場合や状況に応じて原理の価値は変わってくるし、その価値自体も絶対的なものではないのです。このように二つの原理が「もちつもたれつ」ある状態こそ、日本古来の神々の関係であり神仏習合というあり方として日本において長く続いてきました。

そもそも何のために神仏習合というアイデアは生まれたのか。それはたぶん、「生き続けていくこと」を目的に置いたからだと思います。日本のように多様な自然に囲まれ、災害も多い場所で暮らしていくことは「どうなるか分からない」状況で生きていくことを意味します。さまざまな可能性が考えられる環境下で生きるのであれば、状況に応じて時限的な解答を出す習慣を身につけておく必要があります。そのためには神仏習合のような「もちつもたれつ」アプローチが有効だった。現代という答えのない時代を生きるうえで、僕たちはこのアプローチの有効性を山村暮らしのうちに強く実感しています。

09 「人間一人では生きていけない」を正面から考える

――「個人の原理」と「共同体の原理」の決定的違い

「他人」に頼らず生きていける「都市の原理」

社会生活においてどのように振る舞えばよいのか、分からなくなることがあります。自分を優先するのか。それとも他人との関係を先に考えるのか。

僕はさいたま市のベッドタウンで育ちました。近所には木々の茂る神社があり、隣接する公園でもよく遊んだものでした。夏祭りには屋台も出ていたり、駅に行く際にも必ず前を通ったり、その神社は地域のランドマーク的存在です。でも僕は、神社の行事や地域の活動など、自分の都合を優先できないことに参加するのが、はっきり言って大嫌いでした。なぜ当たり前のように、みんなと同じことを強制されなければならないのか。昔からやっていたり、みんな同じようにやっているという理由だけで、自分は好きな本を読んだりゲームをしたりしたいのに、なぜ阻まれなくてはならないのか。「自己中だ」と言われればそれまでなのですが、ただ単にみんなと同じことをするのが嫌なのではなく、「みんなと同じことをする意味が分からない」のほうが近いかと思います。さらに、意味の分からないことを分からないままにしようとしても、身体が動かないのです。

都市は人が自分の労働力を提供し、その対価によって生活を営むことができる自由な生活空間です。そのシステムさえ機能していれば、人は地縁や血縁といった「しがらみ」に頼らずとも生きていける。つまり、個人の集合体によって社会が成り立っているのが都市のはずです。だから僕は、みんなが同じことをする合理的な理由があればしたのでしょうが、その理由を誰も説明してくれないし、生活の中で実感として見いだすことはできませんでした。自分のためになりそうもないことには身体が動かない。これは都市の原理が内面化した、僕のような人間の行動原理なのではないでしょうか。

「共同体」は「個人の延長線上」に過ぎないのか

まず個人が存在し、その個人が自由に生きていくために社会があるという考えがあります。このような個人主義のことを自由主義（リベラリズム）といいます。さらにその考えを推し進めると、リバタリアニズムと呼ばれます。この考えを持つリバタリアンは、自分たちこそ正統なリベラルだという意味も込めて、「古典的自由主義者」を名乗ることもあるといいます。リバタリアンは個人的な自由、経済的な自由の双方を重視します。また、他者の身体や正当に所有された私的財産を侵害しない限り、各人が望むすべての行動は、基本的に自由であると主張します。現代アメリカ社会をフィールドとする文化人類学者の渡辺靖は、リバタリアンの特徴をこう述べています。

一般的に、社会問題解決の手法としては、①強制力を有する第三者が統制するヒエラルキー・ソリューション、②市場のメカニズムを活用するマーケット・ソリューション、③当事者間の自発的な協力に依拠するコミュニティ・ソリューションの三つがある。リバタリアニズムの特徴は、①をまさに極力最小化しようとする点にある。強制によらない、自発的な協力や取引に基づく社会。それこそが自己と他者の自由や幸福が不可分に結びついたユートピアを可能にすると考える。(渡辺靖『リバタリアニズム』中公新書、2019年、88頁)

僕は個人と集団の関係について考えたとき、まず個人が存在し、そのために共同体や社会があり、その延長線上に国家があると考えています。一方、国家やその下部組織として共同体があり、それを形成する最小単位として個人が存在しているという考えもあります。この共同体主義はコミュニタリアニズムと言われます。コミュニタリアンは主体と社会の関係を考えたときに、個人は特定の共同体の中で生まれ育ち、その共同体において特有の価値を身につけることによってはじめて主体になると主張しました。

過疎化が進んだとはいえ、僕たちが暮らす東吉野村ではまだまだ共同体主義的な自治の強さを感じます。地区自治会や神社の氏子会、消防団など、地縁、血縁に基づく共同体が息づいているからです。現在、僕が氏子となっている八幡神社には常住の宮司はおらず、いくつかの神社を管理する方が祭りの祈祷時だけ来てくれます。それ以外の清掃や維持管理、祭りの準備や片付けは、僕たち氏子の役員が行っています。しかし、氏子の高齢化が進み、数は減少し、会費も少なくなっていく中で、神社自体を存続させることも難しくなってきているのは全国的な課題でしょう。

「自分」より「他人」を優先する理由

現在、僕は神社の氏子の役員をしており、かつては地区の連絡員などもしていました。もともとはリバタリアン的な思想を持っていた僕も、山村ではコミュニタリアン的な発想が実感として分かるようになってきました。都市は人が設計してつくった空間ですが、人がつくったものには必ずエラーやバグが生じます。しかし、このエラーやバグを考慮に入れてシステムをつくれるほど、人間は賢くありません。だから人はどうするかというと、エラーやバグを見ないようにすることで、「なかったこと」にするのです。都市にだって想定外のことはたくさん起きているのですが、都市という舞台装置の設定上、人が設計していないものが存在してはならないのです。

そのエラーやバグのことを自然と呼ぶことができます。山村に住んでみると、人間が自然を制御できるはずがないことは一目瞭然です。したがって、人間は一人では生きていけないことを実感するし、神様にお供えをして手を合わせることに必然性が芽生えます。人間が一人では生きていけないがゆえに、共同体の維持が物事の最優先事項であることも納得できます。このように、僕はコミュニタリアン的な思考が理解できるようになりました。しかし、頭では理解できるのですが、やはり都市で育った人間としては、個人の事情を優先したいという思いがあります。事前に年間スケジュールが分かっていれば、まだ予定が立つのですが、急遽今週末集合と言われてもこちらの予定を優先したい。しかし、村に住んでいる以上、共同体の事情を優先しないと共同体自体が維持できず、ここに住み続けることすら難しくなってくることは容易に想像できます。

僕たちは社会を生きるうえで、個人と共同体のどちらを優先して生きればよいのでしょうか。

この葛藤は山村に住む僕でなくとも、個人の欲望を追い求めてきた結果、社会格差が広がりすぎて物が売れなくなり、安価な商品を製造しようとするあまり、自然環境を破壊している、現代社会に生きる僕たちに共通する問題だと思います。また、30年以上続く不況から抜け出せない日本経済や、安倍政治に顕著であった権力の私物化、統一教会

（現世界平和統一家庭連合）との密接な関係が問題となっている日本の政治に対して、不信感を抱くのは当然でしょう。

自由が毀損されるのは受け入れがたい

僕はそういう意味では、政治的にも経済的にも小さな政府を求めるリバタリアニズム的な思考がとても理解できます。アメリカでもこの30－40年でリバタリアニズムが市民権を得たといいます。この背景にはインターネットの出現と普及があると、渡辺は述べています。

確かに、近年のブロックチェーン（分散型ネットワーク）技術の進展は、仮想通貨からクラウドファンディングに至るまで、政府とは無縁のリバタリアン的世界をさらに拡張している。

自律・分散・協調に基づくネットワーク（水平）型のコミュニケーションを志向するインターネットは、リバタリアンの「ホームステッド」を広げ、逆に、自由を希

求する彼らの欲望がインターネットの進化をさらに促してゆくのだろう。（『リバタリアニズム』32－33頁）

リバタリアン的思考を持っていた僕が山村に越して自宅を図書館として開き、ルチャ・リブロ活動をするうえでインターネットの存在はなくてはならないものです。東吉野村には公立の図書館がないので、その代わりに図書館を運営しているのですかと聞かれることがありますが、そうではありません。この活動は基本的には自分たちのためであり、市場原理だけで社会が覆い尽くされてしまうことへの危機感とそれへのリアクションが、長い目で見ると人類のためにはなると思っていますが、直接的に地域の人たちのために行っている活動ではありません。

しかし、図書館活動とは別に住んでいる地区の仕事や神社の氏子の役員などはしています。人間は個人だけでは生きていけないことは分かっていますが、かといって共同体のことを常に最優先事項にして暮らしていかねばならないとなると、自由が毀損されているように感じます。

「個人の原理」と「共同体の原理」

そもそも、個人と共同体では原理が異なります。個人の原理は等価交換で、共同体の原理は贈与です。等価交換とは、同じ価値のもの同士を渡し合うことを意味します。しかし、本来は、交換したい二つのものが同じ価値なのかどうかは判別不能です。例えば山で遭難してお腹が空いているときに、リュックにお金と大根が入っていても、その二つが同じ価値かは誰にも分かりません。お腹が空いているときにお金だけがあってもしょうがないかもしれませんが、大根があったほうが腹がふくれる可能性はあります。しかし、現代社会に生きる僕たちは、大根が1本120円くらいで、車が軽自動車であっても100万円近くすることを知っています。

等価交換の原理が社会の前提にあるからこそ、お金の多寡が価値の大小だと思うことができます。等価交換の原理が働いているからこそ、働いてお給料を稼いで、そのお金で生活をしていくことが可能となるのです。しかし、共同体は贈与が基本です。等価交換では物が欲しければそれだけの価値の量のお金が必要ですが、大げさに言うと共同体ではお金は必要ありません。同じ共同体に属しているという関係性があるからこそ、物をあげたり、もらったりすることができます。

というよりも、物をあげたりもらったりし合うことで、生存に必要な共同体を維持していくことを可能にしているのです。共同体の基本原理が贈与だというと、とてもほっこりした幸せな空間をイメージするかもしれませんが、あげたりもらったりすることは返すこととセットです。このあげることと返すことは贈与と反対給付という用語で表され、互酬性と呼ばれています。互酬性は人間関係をつくるための仕組みであり、共同体の基本原理です。この原理によってつくられている共同体が「しがらみ」にまみれているのは、ある意味で当たり前のことで、「しがらみ」をつくることによって生きながらえていくという、共同体の生存戦略だと言えるからです。

個人と共同体を行ったり来たりするとは、等価交換と贈与を行ったり来たりすることでもあります。そしてそれは、等価交換によってその都度関係をリセットすることと、関係をつくっていくことを行ったり来たりすることでもあります。山村に住みながら個人として生きてもいいし、反対に都市に住みながら共同体の一員としても生きていくことができる。これが、僕が目指している風通しのいい社会です。

「個人」と「共同体」の好循環を目指す

重要なのは、できるだけ多くの人が「行ったり来たり」できる状態にあることです。そのためには、インターネットを活用することが不可欠になります。インターネットを使いつつ、自律・分散・協調的な社会を目指す。しかし、それは決してリバタリアンが志向しがちな、社会的強者だけのユートピアを意味しません。その点で、以下の渡辺の報告にはとてもシンパシーを感じています。

スタンフォード大学のビジネススクールは、二〇一七年春に全米六〇〇人以上のIT系起業家を対象に政治意識調査を行った。回答者の平均像は、従業員を一〇〇人抱え、ベンチャーキャピタルによる投資収益が一〇〇万ドル以上あり、年収も一〇〇万ドル以上とのこと。

そこで明らかになったのは、政府の規制緩和を求める声が強い一方、回答者の八二％が国民皆保険の導入や(年収一〇〇万ドル以上の)富裕層への増税を支持するなど、再分配の強化を求めている点だ。徴税を政府による「窃盗《せっとう》」ないし「強制労働」と見なすリバタリアンとは対照的である。（『リバタリアニズム』33頁）

個人個人が尊厳を保ちつつ、できるだけ快適に生きることのできる風通しのいい社会をつくっていくためには、自分だけのことを考えていてはいけないのだと、最近やっと気が付きました。そういう意味で、ＩＴ起業家たちが「再分配」に関心を示しているのは、とても共感するところでもあります。問題はそれをどのように行うのか。そして、その「再分配」とは何を意味するのか。そのことについて、山村で考え実践していこうと考えています。

10 『もののけ姫』が描いた「結果より過程」の哲学

――目的なく「顔を出す」行為に支えられている社会

「目的志向」では気づかなかった価値

正直に言うと、「顔を出す」ことの意味がよく分かりませんでした。

現在は辞めてしまったのですが、東吉野村に移り住んでしばらく経ったとき、お誘いを受けて消防団に加入しました。訓練は月に一度。詰所に集合します。しかし、僕が加入したタイミングでコロナが蔓延し始めたこともあって、訓練はなくなり、公式には定期的に集まることはなくなりました。

僕は訓練がないなら集まる必要はないと思い、また福祉の仕事をしているのでリスクを最小化しようと、集まりには行きませんでした。しかし、どうやら「少しぐらい顔を出せばいいのに」という評判が立っていたそうです。

なぜ顔を出すことが大切なのか。自分なりに考えてみたいと思いました。そもそも、消防団の目的は「火を消すこと」だと思っていました。しかし、よく考えてみると、火を消す専門集団ではない村の消防団にできることは限られています。むしろ**村の自治の一部を担う集団にとって、火を消すという名目で持続される、人間関係のほうが大切な**のです。消防訓練がないなら集まる必要はないと思っていたのですが、火を消す訓練を通じて地縁、血縁共同体の結束を高めるとか、仲間入りをするとか、むしろそういうほうが本質的な目的だったのだと、今は分かります。そういう意味で、火を消すか消さないかはいったん置いておいて、とりあえず顔を出すこと、**つまり、「直接会うこと」のほうが重要だったのです。**

一方で顔を出すという、一見目的が分からないことに貴重な時間を費やすのはもったいないという考えもあるでしょう。例えば、みなさんの職場でも基本的なコミュニケーションはメールやチャットで、もうちょっと込み入った要件は電話で、肝心なところは直接会うなど、その理由や優先度に応じてコミュニケーションの方法を使い分けてはいないでしょうか。その優先度の高低がなぜつくかというと、仕事には目的があるからです。その目的を達成することに対して優先度がつけられているのです。この考え方は非常に分かりやすいと思います。

「ままならない自然」に向き合うエボシとサン

顔を出すことに思いを巡らすと、ふと頭に浮かぶのはスタジオジブリの映画『もののけ姫』です。１９９７年に発表された宮﨑駿監督のアニメ作品『もののけ姫』は、物語としてはもちろん、躍動する人物の動き、幻想的な大自然の風景など、いわゆる「宮﨑アニメ」の真髄が描かれていて、観ているだけで力が湧いてきます。

『もののけ姫』の舞台は前近代社会です。山間部に位置する都市タタラ場と山に住む動物たちの争いが、タタラ場を率いる女性のエボシ御前と大きな山犬に育てられた少女のサンの対立を中心に描かれます。そこに東のエミシの国から訪れた少年アシタカや、森の神の首を狙う男性ジコ坊などが登場します。観てみると分かるのですが、タイトルは『もののけ姫』でも作品はアシタカを中心に展開していきます。もともと宮﨑監督は

『アシタカ聝記《せっ》』という題を考えていたそうですが、鈴木敏夫プロデューサーが『もののけ姫』のほうが良いと、勝手に特報を打ってしまったのは有名な話です。

さて『もののけ姫』では、文明の象徴であるタタラ場を率いるエボシ御前と、山犬や精霊とともに山で暮らす少女のサンの対立が軸となっていることは前述のとおりです。この対立の背景には、両者を特徴づける「本質的に異なる自然」があります。エボシは女性やハンセン病者、高齢者、障害者など、自然を内包した人間たちとともに生きています。一方のサンは地球自体と言い換えられるような、言うなれば「文明の外部としての自然」の中で生きています。この自然は人間が生きようが死のうが関係ありません。言うなればエボシもサンも、自然との関わりのうちに生きていることには変わりなく、「ままならないもの」を抱えて生きているという点では、同じ立場にいます。この内外の自然の対決が物語の主軸をなす『もののけ姫』において、文明社会を代表するのがジコ坊であり、物語の主要キャラクターとして登場はしませんがタタラ場を襲う侍たちです。その中で独特な立ち位置にいるのがアシタカです。

「自分の眼で見て判断する」アシタカの尊さ

そもそもアシタカがタタラ場を訪れたのは、生まれ故郷の村を襲ってきたタタリ神を射抜き、呪いを受けてしまったからでした。彼はその呪いの謎を解くために、猪をタタリ神にしてしまった鉄の礫を持って、西へ旅立ちます。なぜなら村のシャーマンの老婆から、不吉なことが起こっている西の地において、「曇りなき眼《まなこ》で物事を見定めれば」呪いを断つ道が見つかるかもしれないと言われたからです。こうしてアシタカは西へ旅立ち、最終的にたどり着いたのがタタラ場でした。タタラ場に着き、エボシに旅の目的を尋ねられたとき、アシタカは鉄の礫を見せながら「曇りなき眼で見定め、決める」と伝えます。

物語は進んでいき、アシタカは社会的弱者とともに生きるエボシの言い分も理解しつつも、山を破壊する人間たちを憎みタタラ場を襲撃するサンに対し、女性として、人間として好意を寄せるようになります。つまり頭ではエボシの行う社会的な意味も理解しつつ、心ではサンに思いを寄せてしまうのです。このような葛藤状態に置かれたアシタカは、劇の終盤において「森とタタラ場、双方生きる道はないのか」と叫ぶに至ります。このシーンは、**アシタカが「曇りなき眼で見定めよう」とした結果、「どちらかに決めないこと」を選んだことを意味しています。**僕はこのアシタカの態度が、批評家の杉田俊介が現在の「弱者男性論」について述べた状態に似ていると考えています。

そもそも、周りを見れば、各々の過酷で厳しい状況にあっても、なんとか闇落ちせずに、憎悪に呑み込まれずに必死に「踏みとどまっている」男性たちは無数に存在するのだ。彼らのそうした日々の地道な努力は――繰り返すがそこに他者との比較や優劣を付けることなく――もっと肯定され、尊重され、尊敬されていいものではないか。

解放的で非暴力的に生きようと日々努力し続けていること、それはそのまま立派でまっとうであり、尊厳に満ちたことなのだ。「男らしい」のではない。「人間らしい」と言いたいのだ。「弱者男性」として「人間らしい」のだ。（杉田俊介『男がつらい！　資本主義社会の「弱者男性」論』ワニブックス、2022年、57－58頁）

確かに現代社会において「決めない」ことは、「男らしくない」行為かもしれません。ただ、アシタカの素晴らしい点は「曇りなき眼で見定めよう」と最後まで試みたことだといえます。また**「曇りなき眼」とは、「特別に綺麗な心を持って」という耽美的な表現ではなく、実際に現場に足を運び、虚心坦懐にその眼で見るという実践的な意味だと思うのです。**つまり、誰かに聞いた話を鵜呑みにせず、自分の目で見て自分の頭で判断しなさいよ、というごく一般的な、でも面倒くさくなると怠ってしまうことを意味しているのだと考えています。そして、そのように現場に足を運ぶことこそ、「顔を出す」ことなのではないでしょうか。

若い人たちの直感こそ大事にしなければならない

どうしても僕たちは、「物事を決める」ことに重きを置きがちです。しかし、大事なことは結果ではなく、その過程です。なぜならその過程がちゃんとしていれば、自ずと結果はついてくるからです。**なぜ結果ばかりを求めてしまうのかというと、それはこの世のどこかに「正しい答え」があると思っているからです。**できるだけコストを下げて大量生産し、なるべく利潤を上げ続けなければならない。この目的のためには手段は選ばない。これが近代という時代の価値観でした。しかし、その利益ばかりを追求した結果、自分の働いている店や工場でつくっているけれど、家族や友人には食べさせたくないようなものが商品として流通するような社会になってしまった。これは明らかに、利潤をできるだけ多くするという資本主義の結果や目的のみを重視したことによる弊害です。

忘れてはならないのは、僕たちも自然を内包した生き物だということです。今若い人たちがどんどん仕事を辞めている背景にあるのは、若い人たちの生き物の部分が警鐘を鳴らし、この社会にいたら死んでしまうという直感が働いているためです。その直感は当たっています。今の社会では生きるよりも稼ぐほうを優先していて、残念ながら生き物が健康的に生きられる空間ではありません。反対に、過程を大切にする、生き物が生きられる環境のある社会やそれを構成する会社や職場には現に人が集まっています。給料の高い低いではありません。資本主義の目的に忠実に従っている会社に、人はもうやって来ません。しかし、この状況はむしろ、社会が健全になっている兆候だと思っています。

「社会人」ではなく「人間」が生きる環境をつくる

確かに村や村社会のような会社が、「顔を出す」「直接会う」ことを課題解決の唯一の手段と考えているならば、その集団は早晩滅んでいくはずです。重要なのは、いくつかある選択肢において「顔を出す」ことを主体的に選択できるかどうかということです。**その再帰的な「顔を出す」ことは、虚心坦懐に現地に赴き、人と会い、環境を知り、できるだけ生き物が生きられる社会を目指すことを意味します。**それは決してエコロジストだけの課題ではなく、自然を内包した僕たちが暮らす都市においても同じことです。

生き物の暮らせない環境に、人間が暮らすことはできません。それは会社も同じことです。若い人が入ってこない会社や団体は、まずは社会人ではなく生き物が暮らせるような環境を整えることが最優先課題です。そのために重要なのは資本主義のルールに則って物事を独裁的に「決める」ことではなく、現場に立ち、周囲の声に耳を傾けながら「曇りなき眼で見定めよう」とする態度なのです。

第4章

渡世人として生きていく

11 「若者の邪魔」をしてはいけない人口減少社会
――年長者は「仕方ねぇなぁ」と待ち続けるしかない

社会を降りられないことへの息苦しさ

今、僕たちは、人口が減っていく社会を生きています。

例えば、僕たちの暮らす奈良県東吉野村は人口約1600人、高齢化率56%、つまり2人に1人以上が65歳以上の山村です。山村での暮らしはさまざまな点で都市とは違うのですが、その一つに人口密度があります。

村の成り立ちに由来する地縁、血縁コミュニティーの「息苦しさ」も非常に分かるので、人口密度だけで一概に都市と村を比較することはできません。でも僕たちは都市での暮らしに息苦しさを感じ、山村に越したことでそれはだいぶ緩和したのです。特に僕たちは集落からポツンと離れたところに住んでいるので余計なのですが、「息のしやすさ」を感じています。

僕たちが感じていた都市での息苦しさは、あえて単純化すると人口が過密だったことに由来するのではないか。そんなふうに感じています。人口過密な社会では限られた仕事をめぐって就職活動が行われ、人より優れたキャリアを目指して苛烈な競争が行われています。

つまり他人に勝つか負けるかという競争原理が社会の中心に据えられ、この世に生まれついたからにはそのゲームに参加すること自体が前提とされている。「いや、そもそも参加したくなくて」という言葉は許されない。僕たちは社会を降りられないことへの息苦しさを感じていたのだと思います。

一方、過疎の山村ではそもそも人がいない。人がいない社会ではどうにかして社会を回す担い手を求めています。だからその社会を担おうと思ったら、1人の人がいくつかの役割に関わる必要がある。でも一つひとつにそれほど質は求められない。ちょっと大げさに言うと「存在していればいい」のです。

そう思って周りを見渡すと、村にあるものの多くはただ存在していることが分かります。さまざまな木々や花々、鹿やタヌキなどの動物、カマドウマやムカデといった虫。カエルやヘビなどももちろん、1年に成長する目標を求められていませんし、1年中同じような生活を営むことを強制されもしていません。何らかのハードルをクリアしないと存在が認められないわけではないのです。

社会自体が持たない

僕たちは都市に暮らしているとき、「何かをしないと存在してはいけない」というメッセージを、全身に浴びている気がしていました。でも村に越してみると、存在することは何かを差し出すことと同義ではないことに気がつきました。だからこそ、息のしやすさを感じたのだと思います。つまりこう言ってよければ、都市は買い手市場なのに対して、農村は売り手市場なのです。

でも注意が必要です。この市場は単純に比較できるものではなく、都市では高度な第3次産業的能力が求められている一方で、村では決して高度でなくてもいいけれど、さまざまな能力がほどほどに求められる。都市では論理的思考でバリバリ進める個人が求められるのに対し、村ではどちらかというと非論理的な部分で全体の事情への理解が求められる。

こうやって比較すると、現代社会の価値観が都市をベースにしているため、どうしたって村のほうが遅れていたり、「生産性が低い」と言われたりしてしまいます。しかし僕はどちらがよくてどちらが悪いとは考えていません。なぜなら、今までの人口増加社会が生産性を追い求め、そのために環境問題や社会問題などを置き去りにすることで成り立っていたからです。つまり都市の原理に偏りすぎていたことが、大きな問題だと思うのです。人口減少社会は生産性が高い低いだけでなく、村的な原理を取り戻さないと「社会自体が持たない」のです。

しかし現在でも日本社会は人口の増加を前提としたモデルを採用してはいないでしょうか。まずやるべきことの決まったポストをつくり、そのやり方を守れるか守れないかで人を評価する。こうなるとどうしてもルールを遵守することが目的となり、そのルールがつくられた本来の目的は失われていく。人口が減っている現状にもかかわらず、人口が増えている社会のやり方しか知らない僕たちは、手段と目的のくい違いを自覚しなければなりません。『人口減少社会のデザイン』の著者、広井良典は明治時代から続いてきた人口増加の時代、そしてこれからの人口減少の時代を以下のように捉えています。

大きくとらえると、急激な人口増加の時代というのは、一言で表すとすれば日本人あるいは日本社会が**「集団で一本の道を登る時代」**だったと要約できるだろう。それは良くも悪くも〝一本の道〟であるから、教育や人生のルートなどを含めて多様性といったことはあまり考慮されず、文字通り画一化が進み、それと並行していわゆる集団の〝同調圧力〟といったものも強固なものになっていった。

そのような強力かつ一元的なベクトルから人々が〝解放〟され、いわば坂道を登った後の広いスペースで各人が自由な創造性を発揮していける、そうした時代がまさに人口減少社会ととらえられるのではないか。（広井良典『人口減少社会のデザイン』東洋経済新報社、2019年、43頁）

二つの社会の橋渡し

人口減少社会は、今までの人口増加社会と同じ原理では回らない。まさに僕もそう思っています。そして広井の言うとおり、これからの人口減少社会は「自由な社会」なのです。しかしこの自由な社会こそ、明治以降だけでなく、有史以来日本という環境に暮らしてきた人間が経験したことのない状態です。だからこそ、僕はその「ロールモデル」が必要だと思っています。そのロールモデルこそ、映画『男はつらいよ』の主人公車寅次郎（通称寅さん）です。寅さんは人口増加社会において、その同調圧力に抗い続けた人物です（正確には適応できなかっただけなのですが）。『手づくりのアジール』でも僕は以下のように書いています。

高度経済成長期を経た一億総中流化とは、社会の原理が統一されていく過程でした。寅さんは故郷という地縁、血縁で成り立っていた有縁の場において、「結婚しなさい」「定職につきなさい」といった、社会のシステムに取り込まれる臭いを感じ取ると、サッと逃げ出してしまいます。一方、自分の腕で稼ぎ、日本全国好きな場所で働いていながらも、宿代がなくなったり、どうしても故郷が恋しくなってしまうと、また戻ってきます。このように「逃げ出す」ことによって、寅さんは社会のシステムの内部と外部という「二つの原理」を行ったり来たりしていたのです。

（『手づくりのアジール』24頁）

確かに寅さんは一億総中流の社会の原理に適応できず、すぐに逃げ出してしまった「社会不適合者」です。でも現在のように社会のシステムが変わる時期には、むしろその感覚が求められる。つまり一つの社会システムの中でだけ生きていこうとするのではなく、「む、これは人口増加社会のシステムを押しつけてきているな」と感じたら、すぐに逃げ出す。もしくは真面目に取り合わないことが重要です。

人口増加社会と人口減少社会を実感として区分けすることは難しいですが、数字上は2008年以降減少に転じたとされています。1983年に生まれ、埼玉県浦和市（現さいたま市）で育った僕の自意識は、人口増加社会を知らず、かといって完全に人口減少社会に舵を切れるわけではない、中途半端な世代だと思っています。だからこそ、この二つの社会の橋渡しができるのではないかとも感じています。ではこの橋渡しとは具体的に何を指すのでしょうか。

若者の邪魔をしない

ここまでこの社会をどう生きるかという話をしてきましたが、むしろ社会的により大きな問題は、人口減少社会では生産年齢人口、つまり社会を担う世代の人口が減っていくことです。これは主に医療費や年金といった、人口増加社会を生きた人びとの社会保障費の増大と、本来はそれを支えねばならない生産人口が減少していることの不均衡状態に起因します。

この現実を踏まえると、人口減少社会における重要な要素として、生産年齢の人びとがより快適に、より健やかに働いてくれる環境をつくることが挙げられるのではないでしょうか。それは、ただでさえ少ない生産人口の「生産性」を下げないことを意味します。

さらに自分も含めてしている最も大きな勘違いは、今まで人口増加社会を生きてきた人びとが、人口減少社会においても今までと同じ生活を続けられると思っていることです。言ってしまえば、これから社会の中核をなしていく若者は人口増加社会を知らない。だから放っておいても自然と人口減少社会にアジャストせざるをえない。だからこそ、僕たちのような人口増加社会に生まれた人間が広井の『人口減少社会のデザイン』を読まねばならない理由は、「若者の邪魔をしないため」なのです。

例えば、若者が「やってみたい」と言ったら、否定せず「いいね！」と言うこと。そしてその失敗も含めて大人たちが責任をとること。そうすれば自然と若者が「人口減少社会のデザイン」を描いてくれます。僕は大人たちが人口減少社会をデザインするのだと考えると、本質を見誤ると思っています。そうではなく、今後こういうデザインで社会構想されていくので邪魔しないようにしよう、という共通認識を持つことが必要なのです。広井は今後の社会のイメージをこのように述べています。

したがって今後の展望としては、**「一層の少極集中」に向かうか、「多極集中」に向かうかの分岐点**に私たちは立っているという見方が可能と思われる。ここで「多極集中」とは、私が以前から提起している、これからの日本の地域構造に関するコンセプトである。すなわちそれは、「一極集中」でも、その対概念としての「多極分散」のいずれとも異なる都市・地域のあり方であり、国土あるいは地域の「極」となる都市やまち・むらは多く存在するが、しかしそうした極となる場所は、本章の中で〝歩いて楽しめる街〟について述べてきたイメージに示されるように、できる限り「集約的」で歩行者中心の「コミュニティ空間」であることを重視した姿になっているというものである。（『人口減少社会のデザイン』１２２頁）

広井は、多極集中的な人口減少社会は「歩いて楽しめる街」が中心になると言います。つまり何か新しい買い物をしたいとか、高性能のマシンを手に入れたいとか、「買い物によって手に入れられるもの」が中心なわけではありません。そうではなく、人口増加社会の価値観から見るとまったく意味不明なことでも、「あ、ここなら好きにさせてくれる」と思えるようなそんな人間関係、経験ができる時間や場所が必要なのです。そしてそれは人間が意図的に建設できるものではなく、風通しさえよくしておけば、時間はかかるかもしれませんが、自ずと生成されるはずです。

そのような場所のことを、僕は「アジール」と呼んでいます。1時間いくらとか、この場所を利用することで産出される成果を概算しろとか言われない場所。現代のアジールは出たり入ったり、行ったり来たりができる。そんなアジールを維持するためには、嫌だったらすぐに出ていってしまう寅さんのような人間の存在が不可欠です。寅さん的人物は、新自由主義的ないわゆるノマドワーカーとは違います。困っている人がいると「コスト度外視」でつい助けてしまうからです。つまり寅さんは、二つの原理を行ったり来たりして自分だけハッピーという人間ではなく、ある種の格差是正というか、「袖振り合うも他生の縁」を直感できる人でもあります。『手づくりのアジール』でも、僕はこんなふうに書いています。

『男はつらいよ』の劇中において、日本全国の豊かな自然や消えゆく風景とともに映されるのは、自然の中で生活を営む人びとの姿や、困っている人を「コスト度外視で」助ける寅さんの姿です。寅さんはこの「コスト度外視」という社会システムの外部に触れるために、故郷と日本全国を行ったり来たりしているといえます。社会の総中流化、標準化は、社会の内部が合理的な「水臭い」資本主義的原理によって構築されていく過程です。そこから逃げ出し、「コスト度外視な」世界に触れることで、寅さんは生きる力を取り戻すことができた。でも彼は、その世界の断片を実家にも求めてしまう。その結果、またも大喧嘩の末「水臭いじゃやねぇか」という台詞とともに、家を飛び出すことになってしまうのです。(『手づくりのアジール』24-25頁)

「仕方ねぇなぁ」と待ち続けること

「コスト度外視」の寅さんのような人間が1人でも多く生きられること。僕は現代における一番の喫緊の課題がこれだと思っています。そのために重要なのが教育です。しかしこの教育は学校とか塾とか、そういう既存の社会システムにおいて「教える」ものではありません(その部分ももちろんあります)。短期的に見れば常識から外れていたり、いい結果を生まないと思われたりしていても、その子の存在を認め、信じて待つことが大切です。信じて待つとは、社会的な成功かどうかではなく、本人にとっての成功が見つかるまで大人が失敗のケツをふくということです。

ぜひ人口増加社会を生きた大人であるという自覚がある方こそ、とらやのおいちゃん（寅さんの叔父）のように「バカだねぇ」と言いながら、いつ帰ってくるとも分からない寅さんを待ち続ける。寅さんのせいでトラブルがあって、その当事者は出ていってしまっても「仕方ねぇなぁ」と言いながら、いつもどおり団子を売り続ける。これが年長者のやるべきことだと思っています。

少なくとも僕はこの過渡期を生きる人間として、そのように生きていきたいと思っています。

12 寅さんが「何度でも失敗が許される」本当の理由
――渡る世間には「ケアと就労」二つの原理が必要だ

とても息苦しく窮屈な「二つの原理」

新型コロナウイルス感染予防のため、「不要不急の外出の自粛」が叫ばれたことは記憶に新しいでしょう。なんとなく食べてみたい、なんとなく会って話したい、なんとなくいつもと違う道で帰りたい。「不要不急」とはこの「なんとなく」のことなのだと、自粛という名の事実上の禁止令が出たことで改めて気が付きました。そしてなんとなくという個人的で直感的な感覚こそ、僕たちそれぞれの生活の豊かさを支えていたことも。しかし本来僕たちが大切にしなければならないこのような感覚は、新型コロナウイルス感染予防という「万人にとって必要なこと」にいとも簡単にとって代わられてしまったのです。

「万人」というバーチャルな存在は、実体がないだけに強い刺激となって社会に影響を与えました。そもそも人は友人、家族、同僚、遠い親戚から近くの他人まで、さまざまな人たちとの関わり合いの中で生きています。このような関わり合いは、僕たちの身に万人という強い直射日光が降り注ぐのを防いでくれる、オゾン層のようなものだったのです。しかし「不要不急の自粛」の号令は関わり合うことを難しくし、万人という原理によって社会を統一してしまいました。一つの原理による社会の統一は、僕たちの生活をとても息苦しく、窮屈なものにしました。

この経験から、僕は生きていくうえで「二つの原理」を併せ持つことの重要性を痛感したのでした。もちろん二つの原理の間には、個人と万人の間にさまざまな中間的集団があるように、ゆるやかな連続性が存在しています。生と死、公と私、男と女、親と子ども、資本主義と社会主義、都市と村なども、常に二つのうちのどちらかを選ばねばならないわけではありません。生活の場面場面で「二つの原理」を想定することで、僕たちの生きる選択肢がより具体的になり、自由度を上げてくれるのです。

以前僕は障害者の就労支援に従事していました。社会では健常者と障害者という区別が存在しますが、もちろんこの間にも連続性は存在しています。健常者と言われる人も社会と軋轢を生んでしまう「障害」を持っていますし、障害者でも社会が変われば「障害」を感じずに済む場合があります。つまり「障害」は人と社会の関係によって発生するのです。そういう意味で就労支援とは、人が社会と折り合いをつけるサポートをする仕事だと思っています。

本人はあるがままでよく、社会の側が100%悪いのだから本人は何もしなくてもいいというわけではありません。一方で、就職するために性格を大きく矯正しなければならなかったり、本人だけが「障害」を乗り越えなくてはならない状況が発生したりしているとしたら、それは根本的に社会が間違っています。人は誰しも、限定された時代、国、地域、家族の中を生きているし、社会は常に未完成です。特定の時代、特定の場所で生きている以上、なんらかの制約は誰もが受け入れざるをえません。同時に、できるだけ多くの人が「障害」を感じないで済むよう、制度や文化を変えていく努力も不可欠です。

社会生活を営むうえで重要な「二つの原理」

僕が携わっていた就労移行支援という福祉サービスは、利用できる期限が2年間と決まっています。この間にサービス利用者が企業などに就労できるよう、パソコンスキル、手作業や農作業能力、コミュニケーションスキルの習得、自己理解の促進、面接練習などのサポートを行います。この期間を僕は「ケア期」と「就労期」というふうに大きく二つに分けています。もちろんこの間にも連続性はあるし、1年ずつ明確に分かれているわけではありません。どうしても就労移行支援ではケア期が前期で、就労期が後期という建て付けになってしまいますが、別に就労支援分野だけでなく、ひいては人間が生きていくうえでケアと就労という二つの原理を行ったり来たりしながら社会生活を営むことはとても重要です。

まずケア期とは、その人の存在が絶対的に認められる時期です。就労移行支援では、最初は「失敗をしても排除・否定されない経験」ができる場を提供することが大切です。障害を抱える方々は、人付き合いがうまくいかなかったり、仕事でミスばかりしてしまったり、家族の中でも居場所がなかったりして、社会や集団から排除される「負の経験」を積み重ねている場合がとても多くあります。そういう意味で、「失敗をしても排除・否定されない経験」をより多くする必要があります。この全人的に存在が認められる時期がケア期です。

人が社会を生きていくうえでケア期はとても大切です。失敗しても成功しても、役に立とうが立つまいが、本来はその人が存在する理由とはまったく関係がありません。このような地平にまず立たないと、人はできるかできないか分からないことにチャレンジしようとは思わない。しかし現代社会では、役に立たないと生きていてはいけないという言説が飛び交っています。特にデフレが長く続き、社会全体が貧しくなってきたことが影響し、経済活動に参加できない人に対しての風当たりがとても強くなってきています。これは本当に良くない風潮です。

ケア期を経て心身が安定し、社会関係の中で「危険」を感じなくなって初めて就労期に入ることができます。就労期では、自らの労働力によって社会とつながる方法を模索することになります。つまり「戦力になる方法」を身につけていくのです。そのためには自分が好きなことよりも、向いていることに意識を向ける必要があります。もちろん好きなことと向いていることが同じであればよいのですが、そうではないことのほうが多いのはご存じのとおりです。その場合就労期においては、向いていること、つまり適性があることを選択し「無理せず続けること」を目指します。賃金を稼いだり、生産物を生み出すことは1回だけできればよいわけではありません。生きていくためには継続することが大切です。

そもそも生きることに理由など必要ない

このように就労移行支援は、ケアと就労という二つの原理によって成り立っています。人間は理由などなくても存在してよいという「ケア的な部分」と、社会の中で役に立つことで自分の存在をより明確にできる「就労的な部分」。どちらかだけでも人は苦しくなってしまいます。ただ僕が思うのは、健常者と言われる人は知らず知らず就労的な部分だけで生きていることに気がついているのかということ。いつのまにか僕たちは、この世界に存在するための理由を求められている。だから就職活動に失敗したり、仕事を退職したりしてしまうと、自分は無価値なのではないか、生きている意味などないのではないかと思ってしまう。しかし、そもそも生きることに理由など必要ありません。二つの原理で生きていると、この地平に立ち返ることができます。

二つの原理を行ったり来たりすることのヒントは、映画『男はつらいよ』に学ぶことができます。主人公の寅さんは、中学校のときに家を飛び出したきり戻らず、映画第1作において約20年ぶりに故郷・葛飾柴又に帰ってきます。寅さんは家に帰らなかった間、日本の各地で「売《ばい》」をするテキ屋稼業を営んでいたのです。第50作まで続く映画『男はつらいよ』シリーズは、寅さんが家に帰ってきては家庭内で喧嘩をし、旅立った先の各地で「売」をしながらさまざまな人と出会い、また故郷に帰ってくることが骨子の物語です。そんな寅さんの有名なせりふに、「そこが渡世人のつらいところよ」というものがあります。「渡世人」とは何でしょうか。かつて東京大学史料編纂所に勤めた歴史学者・山本博文は、以下のように述べています。

通常の商売などに従事しないで生活を送る者ということで、「無宿渡世人」は各地の博徒の親分のもとを渡り歩き、博打をしたり小遣い銭をもらったりして生活した博徒を指すが、実は、こうした使い方は江戸時代にはなかった。博徒は多くが無宿であり、「無宿」は誇るべきことでもなかったから、わざわざ自分から「無宿渡世人」ということもなかったのである。（「時代劇用語指南」『imidas』より）

渡世人とは、「通常の商売などに従事しないで生活を送る者」という意味だといいます。確かに寅さんは、生活のために各地で「売」をする露天商・テキ屋という意味合いで渡世人という言葉を使っています。さらに「渡世」には「生活」という意味もあり、「生きていく」というようにも使われたそうです。このように渡世にはさまざまな意味が込められていますが、さらに僕はもうひとつの意味を付与したいと思っています。それが「二つの原理を行ったり来たりしながら生きていく」という意味です。

寅さんはなぜ何度でも失敗が許されるのか

寅さんは日本全国で売をしている間、困っている人を助けたり、食事をご馳走してあげたり、最終的には「困ったことがあったら、いつでもおいで」と、東京の実家の団子屋さんの名を告げて別れます。テキ屋稼業を営む寅さんは、自分の手で賃金を稼ぎ、働いて生きています（たまに無銭飲食や宿泊をして、妹のさくらが旅先に呼び出されるのですが）。寅さんは自分の労働力によって社会とつながっている、つまり就労している実感があるからこそ「困ったことがあったら、いつでもおいで」とケア的振る舞いができるのです。寅さんが生き生きと売ができるのは、彼自身の中でケアと就労の二つの原理がうまく噛み合って作動しているからなのです。

しかし葛飾柴又の実家ではどうでしょう。旅先で寅さんと出会い、東京にやってきた客人たちは、旅先の寅さんとはまるで違うグータラでトンチンカンな「三枚目」と出会うことになります。これは日本の各地ではケアと就労の二つの原理がうまく作動していた寅さんが、実家に帰ってきた途端、ケアの原理だけに適応していることを意味します。寅さんはおいちゃんと喧嘩をしてどんなに激怒しても、二度と家に入れなくなることはありません。また妹のさくらが寅さんを完全に見捨てることはないでしょう。つまり「何度でも失敗が許されている」のです。寅さんが旅先で自らの労働力によって社会とつながり、困っている人を救う「ケア力」を発揮できるのは、そもそも実家でケア的空気を胸いっぱい吸い込んでいるからだともいえます。

渡世人も楽しく生きられる社会

僕にも似たような経験があります。僕の場合、ルチャ・リブロの活動を行いながら、社会福祉法人に勤務しています。この関係はケアと就労という二つの原理に対応しています。自宅を図書館として開くというルチャ・リブロ活動は、別に誰かのためにやっているわけではないですし、ニーズがあったから始めたわけでもありません。言い方を換えれば、ルチャ・リブロ活動をやろうとやるまいと、そんなことはこちらの勝手です。「ルチャ・リブロは社会実験です」という言い方をしますが、そういう意味ではルチャ・リブロは、僕たちにとって「何度でも失敗が許されている」場なのです。このようにルチャ・リブロ活動は、なにより僕たち自身にとってのケア的な部分を担っています。

ルチャ・リブロという場が僕たちの存在を認めてくれるからこそ、僕は社会福祉法人で戦力となって働くことができます。僕がルチャ・リブロ活動と法人職員を往復している関係は、ケア的な部分と就労的な部分を「行ったり来たりしながら」生きている状態に似ていると言ったのは、こういう意味です。大前提として、人は存在するだけで価値があるのだけれども、同時に労働力という形で集団に貢献することで、また違った価値を創出することができます。価値の基準は一つではない。その価値を規定する原理を二つ持っておくこと。それが現代の渡世人です。

寅さんにとって渡世人がつらかったのは家族がいなかったり、定職に就いていなかったり、家を持っていなかったりするなど、わが国において近世以降続く、定まった場所を持たない人へのケアが足りない社会だったからです。むしろ定まった場所がない人たちが、思わず「そこが渡世人の楽しいところよ」と口にしてしまうような社会なら、誰にとっても安全が確保され、安心して生きていけるでしょう。目指すべきは、渡世人も楽しく生きられる社会なのです。

13 「ワーク・ライフ・バランス」は「無理ゲー」です

――「いい子」を生む経済成長前提の社会構造の限界

「ワーク・ライフ・バランス」への違和感

「ワーク・ライフ・バランス」という言葉がなんだかおかしな使われ方をしているような気がしています。ワーク・ライフ・バランスにせよ、コンプライアンスにせよ、おそらくアメリカのビジネス界で提唱された言葉がそのままカタカナで日本社会に入ってきているのでしょう。

問題は、僕たちがそのような概念を必要か不必要か、受容するかしないかを吟味する間もなく、すでにその言葉が存在する状況に放り込まれているということです。意味の分からない言葉を使い続けざるをえないのだけれど、意味は分からないから知っているものの中でどうにか対処する。こうして言葉は本来の意味と乖離していきます。現代はこのような状況なのだと思っています。内閣府によると、ワーク・ライフ・バランスとは「仕事と生活の調和」と訳すそうです。内閣府が策定した、「仕事と生活の調和（ワーク・ライフ・バランス）憲章」を引用します。

我が国の社会は、人々の働き方に関する意識や環境が社会経済構造の変化に必ずしも適応しきれず、仕事と生活が両立しにくい現実に直面している。

誰もがやりがいや充実感を感じながら働き、仕事上の責任を果たす一方で、子育て・介護の時間や、家庭、地域、自己啓発等にかかる個人の時間を持てる健康で豊かな生活ができるよう、今こそ、社会全体で仕事と生活の双方の調和の実現を希求していかなければならない。

仕事と生活の調和と経済成長は車の両輪であり、若者が経済的に自立し、性や年齢などに関わらず誰もが意欲と能力を発揮して労働市場に参加することは、我が国の活力と成長力を高め、ひいては、少子化の流れを変え、持続可能な社会の実現に

も資するこことなる。

そのような社会の実現に向けて、国民一人ひとりが積極的に取り組めるよう、ここに、仕事と生活の調和の必要性、目指すべき社会の姿を示し、新たな決意の下、官民一体となって取り組んでいくため、政労使の合意により本憲章を策定する。

(「仕事と生活の調和」推進サイトより　2022年11月4日閲覧、強調は筆者)

「仕事と生活の調和と経済成長は車の両輪であり」とありますが、その後の文章も合わせると、「仕事と生活の調和」は経済成長のためにあると解釈できます。経済成長は人びとが労働市場に参加することでなされるとも書いてあることから、ワーク・ライフ・バランスとはしっかり労働できるように個人の時間をコントロールしなさいよ、という話なのだと理解できます。僕がワーク・ライフ・バランスという言葉に違和感を覚えたのはこの点です。内閣府が出しているのは、人間が生きやすい社会ではなく経済成長のために労働者が働きやすい社会をつくろうというメッセージなのです。

しかし本来働くことは経済成長のためにあるのではなく、人間が生きていくためにあります。結果的にそのことが経済成長に資することもあるかもしれませんが、はっきり言って、人間や自然環境を犠牲にしてまで経済成長を目指していた時代は終わりました。ワーク（働くこと）とライフ（生きること）を分離させ、経済成長を推し進めてきた背景には戦後社会という特殊な事情がありました。経済学者の森岡孝二は、経済成長は太平洋戦争後に日本がめざしてきた経済運営の第一目的であったと述べています。そしてこの「経済成長はすべてに優先する」という原則は、以下のような条件の組み合わせによって成立したとしています。

①敗戦後の飢餓的生活のなかで国民の生活水準の向上のために経済復興が急がれた。
②敗戦後の財閥解体や農地改革などの民主化措置によって、経済発展の新たな条件が作り出された。
③一九五四年一二月から五七年六月にかけての「神武景気」や、五八年七月から六一年一二月にかけての「岩戸景気」をとおして実際に経済の高度成長の時代が始まった。
④「新長期経済計画」（一九五七年）、「国民所得倍増計画」（一九六〇年）、「新産業都市建設促進法」（一九六二年）、「全国総合開発計画」（一九六二年）などによって、高度

成長政策が推進された。（森岡孝二『過労死は何を告発しているか　現代日本の企業と労働』岩波現代文庫、２０１３年、37－38頁）

このような条件のもと、戦後日本ではワークを主としライフを従とすることで敗戦からの復興を遂げていきました。そして現在でも内閣府の言うワーク・ライフ・バランスはその目的を経済成長にしているという点において、この延長線上にあるといえます。しかしこの経済成長を前提にした社会構造が生み出した歪みとして、70年代後半には「過労死」の報告がなされていきます。以下は先ほどの森岡の本からの引用です。

一九七〇年代半ばは、一九五〇年代半ば以降の高度成長が終息した点で日本経済の転換点をなしている。一九七三年一〇月に第四次中東戦争が勃発したことを契機に、第一次オイルショックが起こり、日本経済は大幅な物価上昇に見舞われるなかで、七四年には戦後最初のマイナス成長に陥った。このオイルショック不況からの脱出の過程では、産業界を挙げて「省資源・省エネルギー」と「減量経営」が叫ばれた。その結果、一九六〇年代初めから一九七〇年代の前半にかけて減少してきた労働時間にも大きな転換が生じた。一九七〇年代後半になると、労働組合運動が押さえ込まれ、人員削減と生産技術のME（マイクロエレクトロニクス）化を背景に、残業（時間外・休日労働）が長くなって、労働時間が増勢に転じ、とくに男性のあいだで過重労働に起因する健康障害が多発するようになった。それとともに産業医学の分野で「過労死」の症例が報告されるようになったのである。（『過労死は何を告発しているか』9頁）

ワークとライフの均衡を取り戻す

ワークを主としライフを従として推進されてきた、経済成長がもたらした結果の負の側面が「過労死」です。内閣府の言うように、「我が国の社会は、人々の働き方に関する意識や環境が社会経済構造の変化に必ずしも適応しきれず、仕事と生活が両立しにくい現実に直面して」いて、それを本当に変えたいのであれば、経済成長を前提にした議論自体を再考すべきです。しかし日本はいまだにワークとライフの主従関係をそのままに経済成長を志向し続けています。この状態で「仕事と生活の調和」を目指すことは、結局ワークにライフを従属させることの強化につながります。僕たちが目指すのはワークとライフの主従関係を解消し、両者の均衡を取り戻すことです。この観点から、これからのワーク・ライフ・バランスは「働くことと生きることの均衡状態」と訳すことができるでしょう。

「ワークとライフの均衡状態」としてのワーク・ライフ・バランスを取り戻すうえで参考になるのが、「反抑圧的ソーシャルワーク（Anti-Oppressive Practice, 通称ＡＯＰ）」です。ＡＯＰは、本質的な仕事であるにもかかわらずそれに見合うだけの評価や金銭的待遇が保証されていない福祉の世界において、その構造を我慢するのではなく声をあげていくことを目指す実践です。ケアワーカーについて述べた以下の文章は、社会全体に当てはまると感じています。

少なからぬ人が、「それってなんだかおかしい」「変だ」と心の中で思いながら、「どうせ」「しかたない」とあきらめを内面化してしまっている。特に福祉現場の支援者は、もともと他者とかかわりたい、困っている人の力になりたい、という「善意」を持っている人が多い。そして、「善意」の「いい子」に不十分な労働環境で我慢して働いてもらうことで、そのシステムを結果的に温存してしまうような、やりがいだけでなく、賃金も含めた構造的な搾取が蔓延している。でも、「いい子」自身も「どうせ」「しかたない」「力不足は私の自己責任だ」とあきらめを内面化し、不満や怒りを自らに抱え込んでしまっている。（坂本いづみ・茨木尚子・竹端寛・二木泉・市川ヴィヴェカ『脱「いい子」のソーシャルワーク　反抑圧的な実践と理論』現代書館、2021年、2頁、強調は筆者）

「脱いい子」は「脱成長」

上記における「いい子」とは、「世間や体制、社会システムにとって都合のいい子」のことです。これは福祉の世界だけでなく、ワークとライフの主従関係を受け入れ、経済成長を志向している現代社会全体が置かれている状態と同じです。まずはこの主従関係を解消すること。そのためには「脱いい子」が必要となります。著者の一人である坂本いづみは、その方法をあげています。

①「いい子」であったことで報酬を受けてきたことに気づく
②「いい子」でないとどうなるかを考えてみる
③「いい子」な自分を止める
④いい意味でトラブルメーカーになる（『脱「いい子」のソーシャルワーク』187頁）

この「いい子」を「経済成長」に置き換えることは可能です。そういう意味で、ワークとライフの主従関係を解消し両者の均衡状態を取り戻すために、まず僕たち一人ひとりができることが「脱いい子」です。やはり忘れてはならないのは、僕たちはワークを行いながら生きていく社会人であると同時に、不満や怒り、喜びや哀しみといった理性ではコントロールし切れない部分（ライフ）を内包した生き物だということです。現代社会のようにワークとライフの主従関係が強固で、生き物の部分のコントロールを強いられつつ働くことは、その部分を強く持っている人であればあるほど生きづらいのです。

現代社会のように生き物の部分を社会から排除すればするほど、僕たちは社会の中で何のために生きているのか分からなくなります。今若い人たちがどんどん会社を辞めている背景には、これ以上ワークのためにライフを犠牲にしたくないという、生き物としての直感が働いているのだと思います。本来は生きるために社会があって、生きるために働くはずなのに、いまだに経済成長を目的とするワークとライフの主従関係の中では、働けば働くほど生き物の存在に否を突きつける片棒を担ぐことになります。

はっきりいって、この点を若者は直感しているのだと思います。だから、**働く意味が分からない**。こんな会社に人はもうやって来ません。でもこの状況はむしろ、社会が健全になっている兆候だと思っています。ワークとライフの均衡状態を取り戻すためには、社会の中に生き物が生きられる余地をつくること。そのための第一歩が、一人ひとりの「脱いい子」だといえるのです。

第5章

土着人類学を通してこれからを考える

14 「リスキリングせよ、さもなくば自己責任」の未来
――「ガンダム」が描いた「デジタル社会」への適応

デジタル化とは身体と自然を離れる現象

リスキリングという言葉が気になっています。

リスキリングは単なる学び直しやリカレント教育とは異なると言われます。ポイントは「第4次産業革命に伴う技術の変化に対応した、新たなスキルを獲得すること」であり、急速に進むデジタル化に適応すべく、2018年の世界経済フォーラム年次総会（通称ダボス会議）で提唱された概念です。要するに、**デジタル技術を基盤に置く経済体制に合わせて、労働者に変容を促している**ということのようです。デジタル人材という言

葉にもあるように、僕たちはより合理的に、より速いスピードで、デジタル社会への適応を求められています。

　前にも述べたようにウィーンの思想家イヴァン・イリイチが使用した「離床」を、さらに加速させることがデジタル化だと僕は考えています。前近代において人びとは地域社会のためにモノを生産してきました。しかし、近代になると他者ニーズに応えるため、地域社会を超えて流通する商品を生産するようになります。このように人びとの生活が資本主義によって包摂されることで、人びとは地域社会から離床していったのです。そして、この延長線上に僕たちは暮らしており、さらにスピードを増した形としてデジタル化があります。しかし、土地から離れれば離れるほど、人間には身体があり、世界には自然が存在するという事実が立ち上がってきました。

　身体は自然です。人間は自然のすべてを解読できたわけではありませんが、自然を制圧した場として都市をつくりました。都市に暮らしているとつい忘れてしまいがちですが、**人間は生命という自然を体内に宿しながら、完全にはコントロールできない天候、地震などの災害とともに生きています。**しかし、デジタル化を推奨する文脈では身体は自由を制限するものであり、自然は人間の不可能性を示すものとされます。身体や自然という「よく分からないもの」があるから、生活はいつまで経っても合理的にならないし、効率化も進まず、人間の本来持ちうる能力を発揮することができない。ひいては社会も良くならないという発想です。

よく分からないものである身体や自然をすっ飛ばして、**デジタル化された世界だけのことを考えることができれば、さらに人間は自由になることができる。そうすれば経済はより速く回り、もっと生活は豊かになる。**世界経済会議の意図するところはこういったところでしょう。これを聞いて僕が思い出したのが、1979年にテレビ放送されたロボットアニメ『機動戦士ガンダム』です。この作品の舞台設定は、人類が宇宙へ移民し始めて半世紀以上が過ぎたころだといいます。

「シャア」の思想がヒントとなる

宇宙移民が住むスペースコロニーの一つはジオン公国を名乗り、圧倒的な国力差のある地球連邦政府に対して、モビルスーツなどの最新テクノロジーを導入し、独立戦争をしかけます。この対立を象徴するキャラクターがジオン公国のエースパイロットで「赤い彗星」と呼ばれた、シャア・アズナブルです。ちなみに、『ガンダム』の主人公はアムロ・レイというスペースコロニーで生まれた少年で、父が地球連邦軍の軍事科学者であったという関係がありつつも、意図せず戦争に巻き込まれていってしまいます。

敵役であるシャアですが、三つの主要な「ガンダム」作品に登場しています。最初が「一年戦争」を扱った『機動戦士ガンダム』。その戦争の終結から7年後を描いた『機動戦士Zガンダム』。最後はその5年後にシャアが引き起こした戦争が描かれる、映画『機動戦士ガンダム　逆襲のシャア』です。特に『逆襲のシャア』において、シャアは地球に小惑星を落とし、人為的に氷河期を発生させ、地球に住む人類の滅亡を目論むことになります。なぜシャアは、最終的に地球に住む人類の滅亡を望んだのでしょうか。その理由を説明するにはシャアのライフヒストリーを追う必要があります。少々長いですが、お付き合いください。

まず、シャアという名前は本名ではなく、もともとはキャスバル・レム・ダイクンと言います。彼の父はジオン・ズム・ダイクン。「ジオン」という名からも分かるとおり、スペースコロニーを地球連邦から独立させジオンという国をつくった革命家でした。しかし、独立後すぐにジオンは急死します。その部下のデギン・ザビが政権を握り、ジオン国はザビ家が支配することになったのです。シャアはデギンが父を暗殺したと考え、ザビ家に復讐を誓います。素性を明かさぬように仮面を被り、名前をシャアと変えてジオン軍のエースパイロットとして活躍します。

そのシャアの父が唱えた思想が「ジオニズム」です。この思想は地球連邦政府の横暴と圧政に対して提唱されたもので、全人類が宇宙に移住することにより地球環境の保全を図り、また、スペースコロニーが地球連邦政府から独立することで平等な社会を実現できるというものでした。さらに人類は過酷な宇宙環境に進出し適応することで、生物学的にも社会的にもより進化した「ニュータイプ」になれるという思想も含んでいます。シャアは、宇宙移民を差別し搾取する地球民のことを「地球の重力に魂を引かれた者たち」として、「ジオニズム」実現のためには滅ぼす必要があると考えています。

とはいえ、シャアは地球自体をなくそうというわけではありません。地球は一種の聖地として保存し、人間は宇宙に住むようにすることで、聖なる地球をこれ以上汚さないことができる。人智の及ばないものや生命を循環させることができる地球に畏怖の念を抱きながら、同時にそれを不可侵のものだと考えるあまり、不完全な人間が独り占めしていることに我慢がならなかったのでしょう。合理的に考えたらこうしたほうが絶対に良いはずなのに、なぜ地球に住む人間どもはその権益を手放すことができないのか。この発言の背景には、**現代社会においてデジタル社会に適応できないアナログ人間たちへの「いらだち」に似たものを感じます。**そしてこのような発想は、現在の欧米を支配する「テクノクラート新自由主義」を想起させます。

「低スキル＝格差の原因」という思想

『新しい階級闘争』を著したアメリカの思想家マイケル・リンドによると、「テクノクラート新自由主義」は高学歴の上級階級の管理者、経営者からなり、現在の欧米のエスタブリッシュメント（支配階級）を占めているといいます。彼らの世界観をリンドは以下のように説明しています。

現代の北米とヨーロッパは、すでに無階級に近い社会となっており、政府が若干の低コスト介入を行えば完全な無階級社会が実現できるという仮定から、新自由主義者たちは、欧米の白人労働者階級の問題を階級制度のせいではなく、多くの不幸な個人に共通するとされる個人的な欠点のせいにすることができる。

なかでも最大の個人的な欠点は、仕事のスキルが足りないことだとされている。大不況前のバブル期に、スキル偏向型技術進歩（ＳＢＴＣ）理論というものが流行した。これは、労働者階級の「取り残された」人びとには、新しい「グローバル知識経済」の「クリエイティヴ・クラス」や「デジタル・エリート」にはもはや不要となった時代遅れの低スキルしかないことが、格差拡大の理由であると説明している。

（マイケル・リンド著、施光恒監訳、寺下滝郎訳『新しい階級闘争』東洋経済新報社、２０２２年、１８８－１８９頁）


「ガンダム」シリーズの主要登場人物であるアムロ・レイやシャア・アズナブルは並外れた認識力や直感力、特殊な脳波を持った「ニュータイプ」として描かれています。「ニュータイプ」についてはさまざまな見解があり、原作者の富野由悠季ですら理解が一貫していないようですが、「ニュータイプ」は宇宙で成長を遂げたことにより人間の限界を突破した人類であるとも言われています。また、「ガンダム」シリーズの中には人為的にニュータイプを創り出す「ニュータイプ研究所」があり、そこで訓練を積んだ

「強化人間」がいることも設定されています。ここに至る思想も「テクノクラート新自由主義」的です。

リスキリングの機会を生かせなかった人の末路

僕がどうしてもリスキリングに鼻白んでしまうのは、底流にある「テクノクラート新自由主義」の行き着く先に「ちょうどよい生活」を思い描くことができないからです。**スキルがないことを自己責任とし、リスキリングという機会を与えたにもかかわらずデジタル化できなかった場合、その人たちが割を食うのは仕方ないという未来が見えるからです。**

テクノクラート新自由主義者たちは労働者階級の取り残された人びとのことを、シャアの言う「地球の重力に魂を引かれた者たち」のように捉えていることでしょう。最近でも「高齢者は集団自決すべき」という発言をした、アメリカの大学に籍を置く日本人経済学者がいました。この考えは既得権益を有する「地球の重力に魂を引かれた者たち」は滅びるべし、というシャアの思想と変わりません。一方で、あたかも「地球の重力に魂を引かれた者たち」側の言い分を形にしたような条文を発表した自治体もありました。その中に書かれた「都会風を吹かさないよう心掛けてください」という文言は、都市に住む人びとが想像する田舎暮らしの面倒臭さを凝縮しています。

この言葉を聞けば、**シャアが地球に住む人類の滅亡を決意したことほど積極的ではないにしても、「もう滅びるに任せよう」と多くの人は感じるでしょう。**両者に共通するのは、どちらも相手の言い分に耳を貸すことができていない点です。人間は地縁、血縁といった「しがらみ」から離れることで、より自由になりました。デジタル技術を用いることは、この自由をさらに追求することにつながります。たいがいＩＴによって財をなした成功者は、その自由の果てに宇宙を目指すようです。これは実際の宇宙に強い関心を抱いているというよりも、「なんだかよく分からない」身体や自然について考えるのをやめた、という態度表明のように見えます。この態度は、地域社会のルールを守れない人には来てもらいたくないという過疎地域の「閉じた態度」と同様です。

論理と非論理を同時に体験する

対立するのではなく、合理的で効率的なデジタル技術と、生命の循環を生み出す神秘的なまでに美しい地球をともに分かち合うことはできないのでしょうか。そのヒントはリスキリングを推し進めるのと同時に、未だ人間が解明し切れていないアルゴリズムを持つ地球について、非論理的な仕方も含めて触れることにあると考えています。少し単純かもしれませんが、IT技術を否定せず、過疎化の進む地域社会で一定期間過ごすこと。言い換えれば、リスキリングをより自然環境の豊かなところで行うことが重要です。その経験があれば、前述の経済学者や自治体のように「こじらせて」しまうことはないでしょう。

ただし、大切なのは両者の間をつなぐ「翻訳者」が必要だということです。それは例えば、スペースコロニー出身でありながら地球連邦軍に属し、気弱なところもあるけれど芯の強いところも見せる、自分では決め切れないけれど頼まれると断れず、できないと思っていたことがやってみたらできた、アムロ・レイのような人物をこれからの時代は求めているのだと思っています。

15 「心は売っても魂は売らない」ファンキーな土着

――「逃れられない病」を土臭く泥臭く生きていく

土着は「逃れられない病」のようなもの

ご存じのとおり、土着人類学は既存の学問ではありません。これからを生きていく術を考え、トライアンドエラーで実践していく。この行為を少し大げさに土着人類学と呼んでいます。ただ僕の使う土着という用語は、一般的な意味とはまったく異なるので注意が必要です。

辞書で土着と引くと、「先祖代々その土地に住んでいること。また、その土地に住みつくこと」といった意味が出てきます。英語でいうとnativeやindigenousと出てきます。

どちらも「先住の」とか「もともとの」といった形容詞でindigenous people（先住民）のように使われます。ここには「時間的に前」という意識が含まれています。

「時間的に前」とは、弥生文化に対する縄文文化、ローマ文化に対するケルト文化、アメリカ大陸におけるヨーロッパ文化に対するネイティブアメリカン文化のような文脈で使用されるということです。

しかし僕は土着という言葉に「時間的に前」という意味を込めてはいません。僕が土着に込めるのは「固有のもの」というニュアンスです。そういう意味では「その土地固有の言語（方言）」や「その土地固有の建築様式」というときに使用される、ヴァナキュラーのほうが近い気がします。

イリイチはヴァナキュラー（vernacular）を、近代社会の基本原理である交換によって手に入れられるものではなく、まだ見ぬ他者のためではなく自分たちのためにつくったり、使ったりするものという意味で使っています。僕のいう土着がイリイチのヴァナキュラーとは少し異なるのは、必ずしも交換に対して自立的な意味を込めてポジティブに使っているわけではないという点です。僕にとって土着は、良いも悪いもない「逃れられない病」のようなものだと思っています。人間である以上必ず土着を持っていて、この土着が社会とうまく折り合いがつかなかったりすると「障害」と呼ばれることもあるし、反対にそれを「個性」として昇華している人もいます。

土着とは「逃れられない病」のことです。言い換えると「目を背けようと思っても背けられないもの」とか「分かっちゃいるけどやめられない」ことだともいえます。そのような、自分の中に確かにあって良い意味でも悪い意味でもどうしても消せないもののことを、僕は土着と呼んでいます。そして土着を隠し抑えつけて生きていくのではなく、土着を軸に生き方を考え、それを認め合える社会をつくれないだろうか。そんなふうに考えています。

こうして、人それぞれがそれぞれの土着を認め合いながら生きていく方法を探っていく中で、まずは自分が土着を軸に生きていく方法として「二つの原理を行ったり来たりしながら生きていく」ことが重要だと思い当たりました。なぜなら、そもそも人類は光と闇、太陽と月、男性と女性など、二つの原理の中で生きてきたからです。しかし現代ではその原理が一つだけになってしまっていて、人類史的に見ると今の社会のほうがおかしいのではないか、そんなふうにも思っています。数値化しやすいものだけ、お金に換算しやすいものだけを評価してすべてを理解した気になっている現代社会の状況を、近代史研究者のジェリー・Z・ミュラーは「測定執着」という言葉でまとめています。

- 個人的経験と才能に基づいておこなわれる判断を、標準化されたデータ（測定基準）に基づく相対的実績という数値指標に置き換えるのが可能であり、望ましいという信念
- そのような測定基準を公開する（透明化する）ことで、組織が実際にその目的を達成していると保証できる（説明責任を果たしている）のだという信念
- それらの組織に属する人々への最善の動機づけは、測定実績に報酬や懲罰を紐づけることであり、報酬は金銭（能力給）または評判（ランキング）であるという信念

測定執着とは、それが実践されたときに意図せぬ好ましくない結果が生じるにもかかわらず、こうした信念が持続している状態だ。これが起こるのは、重要なことすべてが測定できるわけではなく、測定できることの大部分は重要ではない（あるいは、なじみのある格言を使うなら、「数えられるものすべてが重要なわけではなく、重要なものすべてが数えられるわけではない」）からだ。ほとんどの組織には

複数の目的があるが、測定され、報酬が与えられるものばかりに注目が集まって、ほかの重要な目標がないがしろにされがちだ。同様に、仕事にもいくつもの側面があるが、そのうちほんのいくつかの要素だけ測定すると、ほかを無視する要因になってしまう。測定基準に執心している組織がこの事実に気付くと、典型的な反応はもっと多くの実績測定を追加するというものだ。そうするとデータに次ぐデータが蓄積されるが、そのデータはますます役に立たなくなり、一方でデータを集めることにますます多くの時間と労力が費やされてしまう。

（ジェリー・Z・ミュラー著、松本裕訳『測りすぎ』みすず書房、２０１９年、19頁）

現代社会は「何のために測るのか」という問いより先に、「とりあえず数値化しておく」という測定執着に罹患している状態です。そのせいで「数値化できるもの」のほうが「数値化できないもの」よりも優先され、いつのまにか「数値化できないもの」は存在しないことにされてしまう。このような傾向は、土着を認めたうえで生きていく本来の人類的なものではなく、土着を見ないふりをする近代的な生き方だといえます。近代的な生き方とは、本来は数値化できない土着の部分を人間の力によって征服し、科学的な力によって世界をコントロールできるという信仰に基づいた生き方です。

土着は「ファンキー」である

そのようなわけで、僕の思う土着はindigenousともnativeともvernacularとも異なりました。ではどんな訳語が適切なのかというと、そこで思い浮かんだのがfunkyという言葉です。しかし辞書でファンキーを引くと、あまり良い意味が載っていません。もともとは「おじけづいた」とか「臆病な」といった意味を持っていたそうですが、僕にとってのファンキーはそういう意味ではありません。僕がファンキーという言葉でイメージするものの源流は、どうやら1960年代のジャズの流行に行き着くようです。映画評論家でジャズ評論家でもあった植草甚一は以下のように述べています。

アメリカ人のジャズ通にむかってファンキーの意味を教えてくれといいますと、みんな口をそろえたように、それは「ブルース的で」bluesy「たましいがあり」soulful「土のにおいがする」earthyと説明づけてくれます。（植草甚一『ファンキー・

ジャズの勉強』晶文社、1977年、28頁）

植草は黒人独特の感じ方や言葉の使い方も踏まえて、ファンキーがジャズ用語として定着していったことを説明しています。このようにブルージーでソウルフルでアーシーという意味を含むファンキーは、「逃れられない病」である土着の訳語にピッタリだと思いました。そして土着というとどうしても静的なイメージがありますが、「逃れられない病」と折り合いをつけて生きていくことは「二つの原理を行ったり来たり」するという意味で、動的なイメージも含んでいます。この点も土着に対してファンキーという訳語をあてた理由です。

「奴隷」にならない生き方の作法

土着に含まれる動的なイメージを担っているのは、ソウルフルという言葉に表されているように、その土地が持つ霊性です。その土地固有の霊性のことを「ゲニウス・ロキ」といいます。土着の中にはこのゲニウス・ロキが低音を響かせて踊っている、そのような動的な意味合いを込めています。そういう意味で、二つの原理を行ったり来たりしながら生きていくとは、土臭く、泥臭く、決してスマートではないけれど、「なんとかかんとか生きていく」ことを意味します。ミュージシャンの山下達郎は、同じくミュージシャンのサンボマスター山口隆との対談で以下のように述べています。

「心は売っても魂は売らない」——それがこの商売の根幹なの。すべての芸能、すべてのコマーシャリズムというのは、心のどこかのパートを売らなければならない。問題はその中でいかに音楽を作る上でのパッションや真実をキープできるか。ただの奴隷《スレーヴ》じゃなくて。モノを作るというのは、常にそういう問いかけがある。
（山口隆『叱り叱られ』幻冬舎、２００８年、19頁）

これだけ資本主義が社会に浸透した現代では誰しもが商売をする、つまり商品を売ることを求められます。特に第三次産業に従事する人びとの多くは木を切り出したり、魚を獲ったり、製品をつくったりするのではなく、高い計算能力やコミュニケーション能力を有することを要求され、自分を商品として売ることが社会人の必須のスキルに挙げられます。そのような意味で、ミュージシャンではなくとも山下の言葉にはとても大切なものが含まれていることが分かるかと思います。

山下の言う魂こそ、僕の言う土着です。土着は人間の尊厳に関わります。だからそれを売ると奴隷になってしまう。奴隷とは「一つの原理で生きていく」ことを意味します。尊厳を失わず、魂という土着を保ちながら生きていくために。そのためには「心は売っても魂は売らない」ような、二つの原理で生きていく土着の作法を身につける必要があります。まずは現代社会を駆動する資本の原理とは異なる、もう一つの原理に気づくこと。それは自分にとっての「逃れられない病」が教えてくれます。土着は病、障害、老い、生理現象のように、社会的ビハインドとして現れます。でもそれを排除しないこと。それが土着的に生きていく第一歩です。

本文の元の原稿は、もちろん山下達郎がジャニー喜多川の性加害問題についてラジオで発言した2023年7月9日よりも前に書かれています（2022年8月18日8：30「東洋経済オンライン」にて配信）。僕は本文に引用した山下の「心は売っても魂は売らない」という言葉に共感していたので、ラジオでの発言には大いに失望しました。本当に「心は売っても魂は売らない」のであれば、被害者の心情、尊厳に寄り添ったコメントを出すこともできただろうと思います。しかし今回山下が「売らなかった」のは心でも魂でもなく、人間関係でした。長く芸能界で生き残っていこうとすると、どうしても作品単体の良し悪しではない部分が必要になってくることは理解できます。しかし今回のように人間の尊厳が問題になっているときに沈黙していては、心とか魂を云々する以前の問題でしょう。そういう意味で、山下もかつてこうした発言をしていたという事実、また僕もそこに共感していたという事実を残すため、あえて本文は修正しませんでした。

16 「数値化」では世界の本質を理解できない

――土着人類学で考える社会との折り合いのつけ方

数値化による理解の限界

僕が勝手に提唱する「土着人類学」は学問ではありません。言うなれば思想です（大げさですけれど）。

いわゆる学問は主体と客体、つまり「考える自分」と「考えられている対象」を区別します。特に近代という時代は主体と客体を区別することで、もともとは神話や物語によって語られイメージされてきた世界を客観的に把握し、コントロールしようとしてきました。この延長線上にあるのが数字による測定です。世界を数字によって表現することで、僕たちはより客観的に理解できるような気になっています。しかし本来、何にせよ世界を完全に把握することなど不可能です。では僕たちは世界を数字で示したとき、何を理解したような気になっているのでしょうか。

僕たちが数字によって理解したつもりになっているのは、世界の「量的な側面」です。数値によって表すことのできる世界は世界それ自体ではなく、「量的な側面」でしかありません。特に近代は「量的な側面」が重視される時代であり、前近代の世界を価値付けていた「質的な側面」が没落していきました。つまり数値による理解は複雑な世界を分かりやすく説明しているわけではなく、量的に把握できるシンプルな世界を改めて数値によって可視化しているだけなのです。だから数値化することは世界の本質的な理解には一歩も近づいていないと言っていいかと思います。

しかし僕は世界を理解するうえで、質的な部分だけが重要で、量的な部分がまったく必要ないと言っているわけではありません。その両者を併せ持つことが大事なのです。ただ明らかに、僕たちは現代社会において数値を知ることで世界を理解したような気になっている。これは大きな問題です。この点について、(経済学者で思想家の)佐伯啓思も少し違う表現ですが同じことを言っています。

自然科学が対象とする「自然」は人間のいない空間であり、それゆえそれは「死んだ世界」である。死せるものだからこそそこに、客観的な因果法則を見出すことが可能となる。この法則は歴史的な変化を経験せず、時間に囚われないがゆえに「文明」に属するのである。ベルグソンが述べたように、真の時間は、人々の内的な経験、物事の経過、持続するもの、物事の生成といった具体性と不可分であって、科学的に表象されたたとえば二次元の座標において物体の運動を描く時間軸などというものとはまったく違うはずである。しかし近代的な生活の中で、われわれは、時間をあたかも一本の直線のような、あるいは、座標系におけるX軸のようなものとして表象する。しかし、それは「生きた時間」ではなく「空間化された時間」にほかならない。（佐伯啓思『近代の虚妄　現代文明論序説』東洋経済新報社、2020年、157頁）

佐伯の言葉を借りると、世界の「量的な側面」こそが「死んだ世界」です。一方の「質的な側面」は「生きた世界」だと言えるでしょう。しかし繰り返しますが、僕は

「死んだ世界」は間違っていて「生きた世界」だけが正しいとは思っていません。人類は本来二つの原理を有していたにもかかわらず、近代以降は「死んだ世界」だけを重視して、「生きた世界」の存在をどんどん捨て去ってきたのです。なぜなら「死んだ世界」を基に発展してきた科学技術によって、西洋列強の強大な軍事力が世界を覆ったからです。また「死んだ世界」のほうが測定可能で、標準化しやすく、それをモデルに社会がつくられていったのです。

「死んだ世界」は近代化が進めた規格化、標準化と相性が抜群です。国民や消費者はバーチャルではあるけれども、汎用性の高い人間像をつくり出し、一元的に管理することができます。これが国民国家です。しかしこのモデルに限界が来ています。社会的格差の拡大や地球環境への多大な負荷による異常気象。「死んだ世界」を材料に発展した科学技術によって、すべての生き物をコントロール下に置こうとしたプロジェクトはさすがに無理がありました。それが露呈してきたのがここ近年だといえます。このままの生活、社会、経済を続けていては、地球が壊れることはないでしょうが、人間にとっても都合の悪い「死んだ世界」になってしまいます。「死んだ世界」を目指してきた僕たちの自業自得だともいえるのですが。でも僕たちの生活に少しでも「生きた世界」を取り戻していく必要がある。土着人類学はそのための試みです。

「生」と「死」を行き来する土着人類学

土着人類学は学問ではないので、主体と客体は常に入れ替わる可能性を秘めているし、他人の考えから影響を受けて自分が新たに生まれ変わるなんてことも、恥ずかしいことではありません。むしろ推奨すべきことです。そういう意味で土着人類学は「死んだ世界」と「生きた世界」を行ったり来たりしながら、なんとかかんとか生きていく術だといえます。しかし、ただやみくもに行ったり来たりすれば良いわけではありません。この資本主義社会では、そんなことをすると自分の中にある「生き物」の部分がすり減らされてしまいます。ゆっくり時間をかけて食事を味わったり、新緑の木々の緑の違いを楽しんだり、耳を澄ませて聞いたことのない鳥の鳴き声を聞いたりする時間、余裕がなくなってきたら危険な兆候です。自分の中の「生き物」の部分、言い換えれば自分にとっての「自然」をなによりも優先するように生きていくことが大事なのです。

僕は自分の中の「自然」のことを「土着」と呼んでいます。一般的に、この土着的な部分は社会を生きるうえで「やっかいな」ものとして現れてきます。なぜなら社会は「死んだ世界」だからです。だから社会でうまく生きていくためには「死ぬ」必要がある。でもこの土着的な部分をうまく「殺せない」人は、どうしても社会とぶつかることになってしまう。社会ではこの土着的な部分を抑え込んだり無視したりして生きていくのが得策であり、その作法を身につけているのが社会人であり大人だと教えられます。それがうまくできない人は排除され、ことによっては障害者だと言われてしまいます。僕は『手づくりのアジール』内の対談において、以下のように述べています。

土着的な部分ってその人だけでどうにかできることではなく、周りの環境との関係性が大事なんですよね。街で虫を見るとぎょっとするのですが、東吉野村で見ると「ああ、そうだよね」と、自然に受け入れられる。

ぼくは障害福祉の仕事もしていますが、これは障害者が社会によって障害者とされるかどうかが決まるのと同じだと思っています。障害者とラベリングされたことで生きやすくなるケースもあるので一概にはいえませんが、ぼくが就労支援をしている障害者の方たちは、自分の中に土着的な部分があるために社会とうまくいかなかった人たちです。かれらを再び社会に適応させるために訓練するのが仕事なので、そこにはいつも葛藤がありますし、正直いうと、かれらが自分の「土着」を抑え込んで社会に適応する術を身に着けていくことよりも、せっかく持っている土着的な部分を大事にできるような、ゆるやかな社会をつくっていくことの方が大切だと思っています。（『手づくりのアジール』144－145頁）

この土着的な部分を持ちつつ、現代において人類として生きていく。そのためには「生きた世界」と「死んだ世界」を行ったり来たりできるようになることも重要ですが、この「行ったり来たり」を許容する社会をつくることも必要です。つまり「死んだ世界」として単一のルール、固定した価値観で社会を縛るのではなく、「生きた世界」への回路を用意しておくのです。これは文明のあり方とは異なります。文明の世界ではどうしても土の道をアスファルトで覆ったり、岸をコンクリートで固めたりすることになる。そういう意味で、多様性とか社会的包摂といっても、それは土着的な部分を抑え込む術を発達させることであって、決して土着それ自体を社会の中で認め、社会を変えていこうという話にはなっていない。

当事者研究と手づくりの原理

しかし自然という「やっかいもの」を封じ込めることが人間の力なのではありません。それは話の順序が違います。この土着的な部分を持っているからこそ、人類は人類たりうるのです。僕はこの土着を取り戻し、社会と折り合いをつけていくことを「土着する」と呼んでいます。どうすれば自分の土着と社会の間で折り合いをつけて生きていけるのか。この実践が土着人類学です。そういう意味で、土着人類学は一種の当事者研究でもあります。当事者研究は、北海道の浦河町にある障害者支援施設「べてるの家」が始めたと言われています。精神障害の当事者がとった行動を問題行動などというレッテルを貼らずに、そうした行動と自分を切り離して考えます。行動を社会の中でジャッジしてしまうと、どうしても良い悪いで判断してしまいます。想定外の行動をとったときに自分はどのような状況にあり、どんな気持ちだったのかを分析することで、自分の研究を行う。このような研究が、「生きた世界」への手がかりであることを『手づくりのアジール』でも述べています。

こうした意味で当事者研究には、手づくりの原理が内在しています。手づくりとは、誰もが対価を払えば手に入れられる商品とは異なり、自身の個別性、身体性を手がかりに行う行為です。そして個別性や身体性に触れるためには、コントロールできない、社会の外部が自分の中にもあることを認める必要があります。社会の外部とは、当事者研究の場合は主に精神疾患を意味するし、ぼくたちの場合だと体調不良や日々社会に対して感じている違和感だったりします。現代は「みんなのため」の商品を目指しすぎています。そうではなく、自分の中にある社会の外部を手がかりに、まずは「自分のため」に生きていくことが必要だと思うのです。（『手づくりのアジール』176－177頁）

僕の言う手づくりの原理こそ、「生きた世界」への回路になります。個別性や身体性に基づく手づくりの原理と対になるのが、普遍的で均質的な「死んだ世界」に属する商品の原理です。そして土着人類学では、手づくりの原理と商品の原理を行ったり来たりしながら生活を組み立てていくことを試みます。そのためにはまず自分の中にある社会の外部、つまり「自然」を手がかりに「生きた世界」を取り戻す。まずはこれが土着人類学の目指すところです。

矛盾する状況こそ健全

繰り返しになりますが、そもそも人類は二つの原理を有して生きていました。しかし近代以降、一つの原理への統一が進んでしまった。それにより人類は国民になり、消費者になっていきました。その結果、量的な部分によって客観的に把握しないと世界を理解できない気になってしまった。しかし本来はそうではなく、世界は質的な部分と量的な部分、生き物の部分と死者の部分など、二つの部分が支え合って構成されていたのです。佐伯は哲学者の西田幾多郎の思想を紹介しつつ、世界の構造について述べています。

また、世界という「全体的一」からすれば、全体だけが維持されて個人が圧殺されてしまえばそもそも全体的一である世界も崩壊するだろう。だから、世界は、その全体的一を否定することで、個々人を、個性ある個物として処遇する。個であることと全体であることとが、それぞれ自らを否定することでひとつの世界になっているのである。ここでは、世界は一としてのまとまりを持ちつつ、個人は「個別的多」として、それぞれなりに自立する。これが、「矛盾的自己同一の世界」の基本構造であった。

この時、われわれ意志を持った個人（あるいは集団）は、主体として世界へ働きかけることで、社会制度や世界の枠組みや法制度や生産技術といった環境を変えることができる。だが、主体はまた環境から独立しているわけではなく、常に環境によって動かされ、また行動も変化する。こうして、主体が環境を作り、また同時に環境が主体を作るという対立的な相互作用の中で、歴史的世界は、決して立ち止まることなく、時々刻々と変化し続けている。その意味で、それは矛盾的自己同一においてたえず自己自身を形成してゆく世界なのである。（『近代の虚妄』４２７頁）

つまり世界は矛盾するもの、相対する二つのものによって成り立っているのです。矛盾するものを退けず、無理にどちらか一方に単純化しないこと。むしろ一つに決められない状況のほうが、世界を健全に理解することができています。そして二つの矛盾した状況にあるときこそ、実は豊かな世界に触れている瞬間だといえます。土着人類学によってこのような世界認識を生活の中に取り戻すこと。まずはそれが僕たちの喫緊の課題だと思っています。

17 「ホラーの帝王」が描いた「選択と集中」が招く悲劇

──「話半分に聞く」姿勢で新自由主義を生き抜く

本当の「悲劇」とは何だったのか

今さらながら、映画『シャイニング』を観ました。スタンリー・キューブリック監督、主演ジャック・ニコルソンの怪演が有名な1980年に公開された作品です。

何を隠そう、僕は怖い映画が苦手です。そんな僕でもホテルの廊下に津波のようにあふれ出る大量の血、絶叫する若い女性、薄気味悪い双子の小さな女の子、誰もいないホテルを走る子どもが乗った三輪車など、断片的な情報からホラー映画であることは知っていました。原作だって「ホラーの帝王」スティーブン・キングです。でも全編を通して観てみると、映画のポイントは「そこ」ではないことが分かります。つまりそうしたホラーな場面ではなく、生き方を選ばされていく人間が「ホラーに見える」というところが、この映画の肝だったことに気が付くのです。

舞台はコロラド州のロッキー山上にあるホテルです。冬は豪雪のため閉館するというので、その間の管理人として主人公で小説家志望のジャックが採用される場面から映画は始まります。彼は妻子を連れてホテルに住み込みとして働くことで、むしろ小説の執筆に専念できる時間が持てることを喜びます。しかしジャックの息子ダニーは特殊な能力(これが「シャイニング」と呼ばれる)を持っていて、ホテルで以前にも惨劇があったことを察知してしまいます。こうした状況の中で、次々と悲劇が起こっていきます。

科学的に説明できない場面やそもそも運命づけられていたような描写があるので、作品の中の世界には幽霊や超常現象が存在することは明らかです。しかしそれはいったん置いておいたとしても、なぜこの悲劇は起こってしまったのでしょうか。

一言で言うと、その要因はジャックが自らの仕事を「書くことだけ」に限定したからなのではないかと思っています。前述のとおり、本来のジャックの仕事は「ホテルの管理」です。しかしこれを丸ごと妻に任せ、家族と過ごす時間も持たず、書くことに専念してしまう。つまり自らのやるべき仕事を選択、集中し、すべてを小説の執筆に費やしたのです。

誤解を恐れずに言えば、僕もジャックの気持ちがよく分かります。好きな原稿だけを書いていたいし、気が進まないことはやりたくない。今まで経験したことがなかったり、そもそも苦手なことは誰でも極力避けたいものです。さらにホテルの管理をする仕事より、小説を書くことのほうが成果が見えやすく分かりやすい。とりあえずジャックは今冬に仮の締め切りを設け、それに向かって小説を書き終えようとしていたでしょう。もしかすると最終日から逆算して、1日に何枚ずつ書こうという計画も立てていたかもしれません。むしろこのように工程表をつくり、それに従って仕事をこなしていくやり方は、現代社会を生きるうえで常識となっています。計画を計画どおりに実行することができる人間がスマートであり、社会人としての当然の姿、あるべき姿だと言われています。

新自由主義者ジャックの「ユートピア」

しかし少なくともジャックの場合、選択と集中によって執筆という仕事に取り組める背景には、彼が本来するべき仕事を妻が代行してくれているという状況がありました。このような状況の問題点を、ケアをめぐるさまざまな問題に取り組むグループ「ケア・コレクティヴ」が、ケアをめぐる現代的背景として簡潔にまとめています。

ケアは長い間、その多くが女性たちに結びつけられていたために、価値を貶《おとし》められてきました。つまり、ケアに関わる仕事は女の仕事であり、「非生産的」だとみなされてきました。ケア労働はそれゆえ常に、低賃金と低い社会的地位に甘んじており、少なくとも、お金をかけて訓練されたエリート層の外に留《とど》めおかれてきました。現在の支配的な新自由主義的なモデルは、単にこうしたより長きにわたる価値の貶めを引き継いでいるにすぎないのですが、すでにあった不平等を、さらに歪《ゆが》め、新しい形で、より深刻にしているのです。結局のところ、新自由主義が典型とする主体は、企業的な個人であり、かれらが他者と取り結ぶ唯一の関係は、競争的に自己を高めるなかにしかありません。さらにそこから立ち上がってくる、社会組織の主流モデルは、協働ではなく、むしろ競争社会です。言葉を換えれば、新自由主義には、実効的なケア実践も、ケアのための言葉もないのです。（ケア・コレクティヴ著、岡野八代・冨岡薫・武田宏子訳・解説『ケア宣言　相互依存の政治へ』大月書店、2021年、6頁）

これを読むと、ジャックはまさに新自由主義的立場における典型的な主体として振舞っていることが分かります。と同時に、この状況を可能にしたのは妻によるケア労働があったからであり、長らくそのケア労働は社会的劣位に置かれ、多くは女性が従事してきました。さらに『シャイニング』を観ていて印象的だったのは、客観的には「悲劇」が起きているのに、当人のジャックは活き活きとより活動的になっていくことです。そしてあるがままの自分を受け入れてくれる、好き放題させてくれるこのホテルを、ジャックはユートピアだと思ってしまったのです。

つまりこの映画の怖いところは、ジャックという主人公の主観的なユートピアが、妻や子ども、観客の客観的な視点からはディストピアにしか見えない点なのです。新自由主義的な社会では社会的強者はどこまでも自由に振る舞えますが、その自由は犠牲を払って成り立っています。この点をまずはしっかりと認識する必要があります。もうそろそろ僕たちは、無条件で自由を謳歌できる世界を「ユートピア」と呼ぶことをやめねばなりません。端的に言うと、すべてが許される世界など存在しないのです。とはいえ「ユートピアが存在しない」ことは、人生に逃げ場がないことを全面的に受け入れることとも違います。世界はユートピアかディストピアかに分けられるのではなく、一日のさまざまな場面で良いこともあればつらいこともあるし、楽しいこともあれば悔しいこともあったりするような、そういうさまざまな場面の総体として成り立っているのです。

例えばジャックに置き換えてみれば、ホテルの管理の仕事を妻と一緒にやりながら、相談して時間を決めつつ小説を書けばよかったし、たまには一人でお酒を飲みたければそれを妻に伝えて時間をつくればよかった。反対に妻だって一人の時間が欲しかっただろうから、ジャックは息子を妻に任せきりにしてはならなかった。さまざまな事情があるのは分かりますが、さまざまな事情があるのはジャックだけではありません。妻だって息子だって、ホテルにだってさまざまな事情はある。外界との連絡を断って、つまり選択と集中によってチャレンジしなければならない状況に自分を追い込むことは、短期的には大きなパワーを発揮しても長続きすることはありません。

見たいものだけを見るようにさせる「物語」

特に現代は、選択と集中によって「一つの原理」に追い込まれやすい時代です。インターネットやSNSは人びとをつなぎ合わせることもしましたが、分断も生み出しました。コロナ禍で身体的接触、直接対面する機会が減ったことは、この傾向をさらに加速させたように思います。『シャイニング』においてジャックが非科学的ないし精神医学的に解明できる理由から狂気に陥っていく背景には、「一つの原理」に追い込まれやすい人間の性質がある。「一つの原理」だけに追い込まれると、人は見たいものだけを見るようになります。そしてその世界を脅かすものを敵視するようになるのです。

この「一つの原理」は、どのような姿で僕たちの前に現れるのでしょうか。それが「物語」です。英米文学研究者のジョナサン・ゴットシャルは、物語が持つ強い力について、古代ギリシアの時代から警鐘を鳴らしていた人物がいたことを伝えています。その人物が、かの哲学者プラトンです。プラトンは『国家』の中で詩、演劇、神話といった「フィクションの力」を危険視しました。しかし現代における物語はそのようなフィクションだけを意味しません。いわゆるノンフィクションやイデオロギーなど、「人を惹きつけるように情報を構造化する方法」のことをゴットシャルは物語と呼んでいます。そのうえで、ゴットシャルは古代と現代との類似点を述べています。

プラトンが生きていた歴史的状況は今の私たちの状況とよく似ている。荒れ狂うパンデミック。何十年も続く戦争。ポピュリスト運動を主導する因業な扇動政治家たちの台頭。暴動に発展した民族間、階級間の緊張関係。私たちの文明に対する信頼の失墜、勢力を拡大する大国、かつてなく現実味を帯びてきた存亡の危機(私たちの場合は核兵器、気候変動、新たな疫病、AIの台頭、昔ながらの部族抗争)。さまざまな詭弁のせいで人々が同じ現実を見なくなる、ポスト真実の生活に入ろうとしている恐怖もプラトンの時代と同じだ。どれが実在する問題でどれが単なる物語かについて意見が合わなければ、どうして団結して問題解決に当たれるだろうか。(ジョナサン・ゴットシャル著、月谷真紀訳『ストーリーが世界を滅ぼす　物語があなたの脳を操作する』東洋経済新報社、2022年、265-266頁)

僕も「どれが実在する問題でどれが単なる物語かについて意見を合わせる」ことの重要さについて、ゴットシャルに強く同意します。『シャイニング』においてジャックが見ていたものはホテルの視点であり、それは社会の多数派の視点とも言い換えることができます。それがホテルの呪いだったのです。しかしジャックは社会の多数派を味方につけたと思い、社会的正義の実行を邪魔する妻子を殺害しようとします。しかし観客から見ると、最も現実を見ていたのはジャックの息子ダニーだったことが分かります。

僕が見ているものは、僕だけが見ているものなのか。ダニーは自分だけが見ているものを、理解者である母に精一杯伝えようとしました。実は作中における理解者は母だけではないのですが、そこへの言及は割愛します。しかしこのダニーの行動をきっかけに、母子はホテルから脱出することができました。もしダニーが、自分だけしか見ていないものを自分だけしか見ていないのだから無意味だと考えて、誰にも伝えなかったらどうなっていたでしょうか。自分だけが見ているもの、それこそが世界を救う可能性があるのです。

反対に、ジャックのように自分だけが見ているものと社会が見ているものが一致していると勘違いしてしまうと、「原理が統一される」ようになってしまう。これを便宜的に「ジャック化」と呼ぼう。「ジャック化」を防ぐには、自分が見ているものと社会が見ているものは常にズレていることを認識しつつ、ダニーのように自分だけが見ているものを誰かに伝えていくことが大切です。同時に、何かを伝えようとしている人からのメッセージに慎重に耳を傾けることも必要でしょう。これにより原理が一つになることを防ぎ、「どれが実在する問題でどれが単なる物語かについて意見を合わせる」ことが可能となるのです。そのためには、自らを全肯定してくれる物語に身を任せないことがポイントとなります。これこそまさに、日本では古くから言われていた「話半分に聞く」なのだと思います。

これからの時代を生きるうえでのポイントは、「話半分」なのかもしれません。

18 「国富でなく民富こそ国力」と喝破した孟子の真意

——「実質賃金マイナス」時代に必要な王道政治と士

近代の行き詰まりの中で

僕たちはどう生きていけば良いのでしょうか。日々こんなことを考えています。僕はこの問題意識の背景に、近代という時代の行き詰まりを感じています。この場合の近代とは有り体にいうと、工業化をベースとした国民国家の時代であり、西洋と東洋を対比させて考え、西洋は進んでいて東洋は遅れているという構図で理解される時代だといえます。

周知のとおり、近代日本はアヘン戦争で清が大英帝国に敗れたことに大きな衝撃を受け、危機感を募らせました。その後、アメリカの黒船が来航したことをきっかけに日本国内は二分され、佐幕派と倒幕派による内乱に突入します。江戸幕府が倒された後は西洋文明を模倣し、天皇を中心とした国づくりをしていきました。

しかし第二次世界大戦でアメリカを中心とする連合国に敗れて以降、現在もなお軍事経済的にアメリカに従属する状態が続いています。ただアメリカの世界的な存在感が低下してきている昨今、これまでどおり西洋文明の模倣では太刀打ちできない状態に置かれていることは火を見るより明らかです。そういう意味で、日本固有のあり方を模索しなければならない時期に入ってきているのです。ただ過去に一度、同じような状態になった時代がありました。今から約１００年前の１９２０－30年代です。第一次世界大戦、世界恐慌において西洋各国が打撃を受ける中、日本は参照するモデルを見失い、独自の道を進み始めます。その結果が軍部独裁、国連脱退であり、翼賛体制下における大東亜共栄圏という支配領域の拡大を目指し、最終的に第二次世界大戦において完膚なきまでに敗北を喫します。間違っても同じ轍を踏んではいけません。

身体に染み込んでいる価値観

国民国家と工業化を合わせた近代化という欧米由来のシステムは、グローバル化が進みこれほどまでに多国籍企業が利益を得ている状況を見ても分かるとおり、完全に時代遅れになっています。もちろんこの状況は日本だけではありません。しかし当のヨーロッパ諸国はこのシステムが時代遅れであることにいち早く気づき、国家の施策が間違っている場合にはデモやストなどの形で異議申し立てを行っています。その根底には、近代化を支える「個」を基礎に置く民主主義があります。

しかし日本社会の同調圧力の強さとともに語られる弱い「個」のことを考えると、日本社会には西洋社会のような強い「個」が根付かないのではないかと思ってしまいます。現在の日本社会において必要なのは、近代以降参照されてきた西洋的な「個」のモデルではなく、日本社会に適した「個の確立」なのではないか。そのためのヒントとなるのが、大場一央『武器としての「中国思想」』です。そしてそこにはこのように書かれています。

本書で扱う中国思想の流れは、「個」の確立と生活を通じた社会変革を軸としています。（中略）

このことが理解されると、現在世界を牽引している潮流を相対化し、日本人が日本人の文脈で生き方を考え、「失われた30年」を克服する鍵が、中国思想を含みこんだ日本の伝統的価値観の中にあると思うかもしれません。もしもそのような鍵を見つけ出した人がいて、その人の仕事や生活の中に、中国思想が組み込まれた時、きっとそれは日本人の伝統的な価値観を目覚めさせ、社会を変革するダイナミズム（活力）を提供することでしょう。それはおそらく、世界に対して日本が堂々と自己主張する未来を引き寄せるに違いありません。（大場一央『武器としての「中国思想」』東洋経済新報社、2023年、5－6頁）

実は僕も、「日本人の伝統的な価値観を目覚めさせ、社会を変革するダイナミズム」を取り戻したいと考えています。しかしこのときの伝統的な価値観とは、「肉じゃがは日本の伝統料理だ」とか「万世一系の天皇家」だとかいう、近代になってつくられたフィクショナルなものではなく、古代から影響を受け続けてきた身体に染み込んでいる価値観ということなのだろうと思います。僕は山村に住みながら私設図書館活動を続け、都市と山村を行ったり来たりしながら「ちょうどよい」生活を模索していますが、東アジアの環境に暮らすことで身体に染み込んでいる価値観の存在を強く感じています。

孟子が提唱した「王道」政治

しかしその一方で、現在の中国の方と接すると、僕たちにはないバイタリティーを感じるのも確かです。今の日本社会が無気力になっているせいなのか、もともと中国社会のほうがダイナミズムにあふれているのか。おそらくその両方な気がします。再び僕たちは、自分たちに合った「個」をつくっていくフェイズに入っているのだと思います。

「個」とはどのようなものを指すのでしょうか。その一つのヒントになるのが孟子の思想です。孟子は『中庸』の著者であるとされる子思の門人の弟子で、子思は孔子の孫にあたります。孟子の生きた戦国時代は周という王朝による支配が崩れ、数多くの国による群雄割拠の時代でした。中でも中国の東方にあった斉は、戦国時代に入る前から経済的な成功を収めて国を豊かにし、軍事力を整えて異民族との戦いにも勝利するなど、強国への道を歩んでいました。この背景には努力して生産活動を行い競争に勝てば結果に結びつく自由経済や、成績の良い者が出世できる流動性の高い社会があったといいます。このような風潮が戦国時代を準備したともいえます。

諸国もまた経済発展を求めて利益追求に邁進します。経済的利益が重要視されると末端に至るまで利益や効率を追求するようになり、後にこの時代は誰もが利について話していると言われるまでになりました。こうした価値観を「功利」と言います。そして、能力のある人物が既存の身分秩序や伝統にとらわれず、経済力と軍事力によって国をまとめあげるやり方は、後世「覇道」と呼ばれることとなりました。

しかし、**功利がいきすぎると個人的な利益追求が強まり、果てしない欲求を満たすために人々は争うようになります。健全な自由競争は影を潜め、なりふりかまわない利益の奪い合いが始まり、やがて克服不能なまでに広がった格差と弱肉強食の社会が生まれました。**(『武器としての「中国思想」』23頁)

真の国力は「国富」ではなく「民富」

しかし孟子はこのような弱肉強食の「覇道」ではなく、「生きている者を養い、死んだ者にはきちんとした葬式を出して、後悔が残らないような生活を保障する」という「王道」政治を提唱します。また孟子は、真の国力とは税収の多さである「国富」ではなく、国民の資産である「民富」であると述べたのでした。これを知ると、どうしても僕は現在の日本の状況を思わざるをえません。現在の日本の状況とは、物価高により2022年度の国の税収が過去最高を記録する一方で、実質賃金はマイナスが続いている状況です。まさに孟子の言う国富は増える一方、民富は苦しくなり続けています。さらに孟子は、自由経済の結果として人びとが都市に集中し失業者があふれ格差が増大した状況を脱するため、周王室で行われていたとされる井田法の実施を提案します。

井田法は、土地を「井」の字のように9等分して、真ん中の1区画を公田として国家が確保し、残りの8区画を8世帯の国民に分配するという土地整理法です。土地を与えられた8世帯は、自らの土地で穀物や桑などを植え、そこで得た収入を無課税で丸取りできます。そのかわり8世帯共同で一つの公田を管理し、そこから得られた収入を税として納入するというものでした。つまり国民に現物を支給するのではなく、生産手段を提供したのです。これは都市から地方への人口還流を促すためでもありました。この状況も、東京一極集中、地方の過疎化が進む現代日本にも援用して考えられそうです。ベーシックインカムを導入するのではなく、耕作放棄地となっている土地に補助を出して地方移住を促すといった政策です。

さらに孟子は、このような経済政策を前提にしたうえで「個」の再興も目指します。その「個」こそ、「士」と呼ばれる人たちでした。

「安定した収入がなくても人のことを思いやる道徳心を持てるのは士だけである」という言葉がついています。つまり、人間は経済的な貧富に引っ張られて、人を思いやったり思いやれなかったりという振れ幅が出るのですが、これに対して「士」と呼ばれる人はそれがなく、常にそうした道徳心を持つことができます。要するに士とは、君子ほど確固とした徳はないけれども、利害に心を動かさず、自律した「個」を守ろうとしている人です。(『武器としての「中国思想」』60頁)

少しずつでも社会に「士」を増やす

もちろん孟子は王道政治によって貧困の解消と所得の安定を目指したうえで、「個」をつくる教育を重視します。人の持ち前である自然の心情である思いやり、羞恥心、謙虚さ、判断力を養うことを訴えるのです。この思想は中国近世の政治家王安石が継承し、日本でも徳川家康が武士を「士」にして日本を道義国家にしようと、国家形成の基礎に据えました。これも現代日本に置き換えることができそうです。

まずは経済格差を解消し、消費を促すような王道政治を行うこと。そして少しずつでも社会に「士」を増やすこと。同書は閉塞感でいっぱいの現代日本社会において、グローバルな資本主義経済に正面からぶつかるのではなく、東アジアの文脈を踏まえた日本固有の闘い方があるのではないかと考えさせてくれます。

おわりに

ここまで読んでいただき、ありがとうございました。といいつつ、僕は気になる本を手に取ると、まず「はじめに」と「おわりに」から読む人間だったりするので、まだ本文をお読みになっていないけど、ここから読んでおられる方もいらっしゃるでしょうね。

本書で繰り返しいっているのは、資本主義によって一つの原理に統一された社会において、まずは二つの原理を取り戻すことが必要だということ。そのための第一歩が「社会の外」に出ることです。社会の外とは発展途上国とか無人島とか、必ずしも物理的に遠い場所のことではありません。その場所は実は僕たちの身の回りに遍在している、「世俗の論理」が通じない場所だといえます。世俗の論理とは何も難しく考える必要はなくて、一言でいうと「世界を数値化可能なものだと思って接する態度」だといえます。つまり反対に、こちらの態度一つで「社会の外」はそこここに出現してくるともいえます。

僕たちは体調を崩したり山村に移住したりすることで、身をもって世俗の論理が実は限定的にしか通用しないことを知りました。がんばらねばならないときなのにどうしてもモチベーションが上がらなかったり、万全の状態で臨みたい大切な日の前日に限って眠れなかったり、うまくやろうとすればするほど失敗を重ねてしまったり。「社会の外」への入り口は、実はこういう「うまくできないこと」に含まれているのではないかとも思います。うまくできないことは、数値化には馴染まない生き物の部分が機能しているゆえんだとも言い換えることができます。

そしてこれからの僕たちは、社会の中と外というふうにどちらか一方に決めるのではなく、中と外を行ったり来たりしながら自分にとってちょうどよいポイントを探っていく。生き物と社会人の二つの間を行ったり来たりしながら生きていくようなことが必要なのだと思っています。上野千鶴子さんが、会社に全身を捧げず「半身で関わること」を提唱なさっていますが、僕は半分生き物、半分社会人という意味で「半社」として生きていきたいと思っています。と思って調べてみたら、「半社会人」という用語があるみたいです。意味は「大学を卒業しても就職せず、フリーのアルバイター（フリーター）として生計を立てている若者」とのこと。本当に「社会人＝雇用されている人」という認識を一刻も早く終わらせたいですね。

僕の大好きなプロレスに例えることもできるかもしれません。通常のプロレスでは、相手の両肩をマットにつけてカウントが三つ叩かれれば勝敗がつきますし、場外カウントは20まで数えられても大丈夫です。反則技は5カウントまでなら許されています（これはこれで不思議なルールです）。一方で、レフェリーの目を盗んで凶器を使ったり、酒を吹きかけたり、急所を蹴っ飛ばしたり、口汚く相手を罵ったり、観客に向かって悪態をついたり、ルール破りをする人たちのことを「ヒール」といいます。

基本的にプロレスは、ベビーフェイス（善玉）とヒール（悪玉）の二つの原理で組み立てられています。そして僕はこれからの時代を考える上で、ベビーフェイスとヒールを行ったり来たりしながら生きていくことがヒントになるのではないかと考えています。なぜなら人間は潔白で倫理的で理性的でやましいことなど一つもないベビーフェイスであり続けることはできないし、本来的にこの秩序をむちゃくちゃにしてやろうという破壊衝動を併せ持っているからです。そのルールを破るヒールがいるからルールを守るベビーフェイスの必要性が際立つのです。人間には必ずこの両面が含まれているのですが、どちらかの役割だけを演じなくてはならなくなったとき、人は生きることを窮屈に感じてしまうのでしょう。

本書は就労支援の仕事をしていたときに執筆しました。現在はユース世代の孤立を解決するNPO法人に勤めたり、従兄弟の会社の広報支援をしたり、変わらず山村で図書館活動をしたりしながら暮らしています。そこで感じたのは、NPO法人や社会福祉法人といった非営利セクターと、株式会社などの営利企業が違う方からだんだん真ん中に近づいてきているということです。非営利セクターには自走する持続的な経営が求められ、営利企業には社会的責任が求められている。社会が良い方向に向かっている気はしますが、僕には懸念点もあります。

両者が見据える「社会」の距離がどんどん狭まり、一つになっている気がするのです。資本の原理に従えば、より合理的により効率的に物事を進めるようになるため、どんどん社会は小さくなっていき、数値化できないものの存在は見捨てられることになります。だから僕は常に「社会の外」が気になるし、そこを見据えていなければ何かが欠けていると感じてしまう。プロレスではヒールが常にルールの外を思い出させてくれるように、現代社会においても数値化できないものの存在を思い出させてくれるヒール的存在が必要なのではないでしょうか。今後はそのあたりに着目し、社会について考えていきたいと思っています。

最後になりましたが、本書執筆のきっかけとして東洋経済オンラインに連載ページを持たせていただき、まさかのアイデアを次々出していただいた「過激な仕掛け人」こと編集者の渡辺智顕さんに感謝申し上げます。また、常に社会課題に対して全身でぶつかり続けている、認定NPO法人D×Pに関わるみなさん。社会実験の場を与えてくれて、一緒になって面白がってくれる株式会社POPER代表取締役で従兄弟の栗原慎吾くんと社員のみなさん。いつもご飯をごちそうしてくれたり一緒に映画を観たりしてくれる坂本大祐さん・真知子さん夫妻。それから一緒に全国をトークツアー中の同志・建築家の光嶋裕介さん。もちろん内田樹先生、凱風館のみなさん、平川克美さん、隣町珈琲のみなさん、東吉野村で関わりのあるみなさんやルチャ・リブロのことを気に留めてくれているみなさん、オムライスラヂオリスナーのみなさんなどなど、本当にたくさんの方々にお世話になっております。

そしてルチャ・リブロの運営・管理のみならず、生きる意味を与えてくれている妻・海青子、猫のかぼす館長、犬のおくら主任。みんなに心より感謝申し上げます。

2024年4月

ウグイスの鳴き声がやっと板についてきた東吉野村にて

【初出一覧】

第2章〈「『風呂なし賃貸物件』は『失われた30年の帰結』だった」〉(「Modern Times」 2023年2月14日掲載記事を改題)

＊前記以外は、すべて「東洋経済オンライン」掲載記事(加筆・改稿のうえ掲載)。

【著者紹介】
青木真兵（あおき　しんぺい）
1983年生まれ、埼玉県浦和市（現さいたま市）に育つ。「人文系私設図書館ルチャ・リブロ」キュレーター。古代地中海史（フェニキア・カルタゴ）研究者。博士（文学）。社会福祉士。2014年より実験的ネットラジオ「オムライスラヂオ」の配信をライフワークとしている。2016年より奈良県東吉野村に移住し自宅を私設図書館として開きつつ、現在はユース世代への支援事業に従事しながら執筆活動などを行っている。著書に『手づくりのアジール――「土着の知」が生まれるところ』（晶文社）、妻・青木海青子との共著『彼岸の図書館――ぼくたちの「移住」のかたち』（夕書房）、『山學ノオト』シリーズ（エイチアンドエスカンパニー）、『つくる人になるために――若き建築家と思想家の往復書簡』（光嶋裕介との共著、灯光舎）などがある。

武器としての土着思考
僕たちが「資本の原理」から逃れて「移住との格闘」に希望を見出した理由

2024年7月2日発行

著　者――青木真兵
発行者――田北浩章
発行所――東洋経済新報社
〒103-8345　東京都中央区日本橋本石町 1-2-1
電話＝東洋経済コールセンター　03(6386)1040
https://toyokeizai.net/

装丁・DTP……米谷　豪
イラスト…………青木海青子
印刷・製本……丸井工文社
編集担当………渡辺智顕
 Printed in Japan　ISBN 978-4-492-22420-5